U0957863

王艳子 著

YUAN
GONG
JIANSHEXING
YUEGUI XINGWEI DE XINGCHENG JIZHI
JI YINGXIANG XIAOYING YANJIU

员工建设性
越轨行为的形成机制
及影响效应研究

中国财经出版传媒集团
中国财政经济出版社

图书在版编目（CIP）数据

员工建设性越轨行为的形成机制及影响效应研究 / 王艳子著. -- 北京：中国财政经济出版社，2022.4

ISBN 978 - 7 - 5223 - 0466 - 3

Ⅰ.①员… Ⅱ.①王… Ⅲ.①企业管理－人事管理－研究 Ⅳ.①F272.92

中国版本图书馆 CIP 数据核字（2021）第 062242 号

责任编辑：罗亚洪　　　责任印制：张　健
封面设计：卜建辰　　　责任校对：张　凡

员工建设性越轨行为的形成机制及影响效应研究
YUANGONG JIANSHEXING YUEGUI XINGWEI DE
XINGCHENG JIZHI JI YINGXIANG XIAOYING YANJIU

中国财政经济出版社 出版

URL：http：//www.cfeph.cn
E - mail：cfeph@cfeph.cn
（版权所有　翻印必究）
社址：北京市海淀区阜成路甲 28 号　邮政编码：100142
营销中心电话：010 - 88191522
天猫网店：中国财政经济出版社旗舰店
网址：https：//zgczjjcbs.tmall.com
北京财经印刷厂印刷　各地新华书店经销
成品尺寸：170mm × 240mm　16 开　11.5 印张　182 000 字
2022 年 4 月第 1 版　2022 年 4 月北京第 1 次印刷
定价：39.00 元
ISBN 978 - 7 - 5223 - 0466 - 3
（图书出现印装问题，本社负责调换，电话：010 - 88190548）
本社质量投诉电话：010 - 88190744
打击盗版举报热线：010 - 88191661　QQ：2242791300

本书获得教育部人文社会科学研究青年基金项目（项目编号：20YJC630152）的出版支持

前　　言

中国社会正处于创新驱动发展的关键时期，员工需要敢于挑战传统思维、敢于打破不合时宜的组织规则和制度进行大胆创新，而员工建设性越轨行为的本质就是“打破常规”以增进组织利益。目前，学者们主要从个体层面探讨了员工建设性越轨行为的影响因素，领导层面的激发因素也仅涉及谦卑型领导、包容型领导、差序式领导和自我牺牲型领导，授权型领导给予了员工实施建设性越轨行为较多的机会、空间、理解和支持，但鲜有研究涉及授权型领导对员工建设性越轨行为的激发机理，因此本书拟探讨这一主题。另外，员工建设性越轨行为尽管有利于提升员工创新绩效、促进组织变革和创新，但员工过多的建设性越轨行为打破了同事既定的工作模式且可能给同事造成地位威胁感知，进而容易引发同事的职场排斥，因此本书拟进一步探讨员工如何采取有效措施降低员工建设性越轨行为引发的职场排斥。

首先，本书通过对 2 个时点收集的 85 套领导版问卷和配对的 383 份员工版问卷的调研数据进行统计分析，探讨授权型领导对员工建设性越轨行为的跨层次作用机理。研究结果表明，授权型领导能够激发员工积极实施建设性越轨行为，组织自尊在它们两者的关系间起到中介作用，员工较高的传统性不仅削弱了组织自尊对员工建设性越轨行为的积极影响，而且削弱了组织自尊的中介作用。

其次，本书通过对2个时点收集的由领导和员工两个评价主体填答的456份有效配对员工样本数据进行统计分析，探讨员工建设性越轨行为对职场排斥的影响机制。研究结果表明，员工建设性越轨行为容易引发职场排斥现象，员工较高的政治技能(Political Skill）削弱了员工建设性越轨行为引发的职场排斥现象，员工较高的职场友谊不仅削弱了员工建设性越轨行为引发的职场排斥现象，而且对员工政治技能的调节效应起到中介作用，即员工较高的政治技能通过提升职场友谊而削弱了员工建设性越轨行为引发的职场排斥，职场友谊发挥了被中介的调节作用。

研究结论不仅厘清了授权型领导激发员工建设性越轨行为的内在机理，而且关注了员工建设性越轨行为的负面效应（职场排斥）以及员工如何通过较高的政治技能和职场友谊有效减少员工建设性越轨行为引发的职场排斥，是对员工建设性越轨行为理论研究的有益探索和尝试。

目　录

第 1 章

绪　论

1.1　研究背景

在一个充满易变性（volatility）、不确定性（uncertainty）、复杂性（complexity）和模糊性（ambiguity）的时代（VUCA 时代），组织的内外部环境都在不断发生变化，员工墨守不合时宜的组织规则和制度只会阻碍组织发展并有可能损害组织利益。中国社会正处于创新驱动发展的关键时期，员工需要敢于挑战传统思维、敢于打破不合时宜的组织规则和制度进行大胆创新，而员工建设性越轨行为的本质就是“打破常规”以增进组织利益（孙建群、田晓明和李锐，2016）。

员工建设性越轨行为的概念最初由西方学者提出，是一种偏离组织规范，却有助于增进组织利益的积极越轨行为（Galperin，2012）。中国社会具有高集体主义和高权力距离导向的文化特征，强调对规则和制度的遵从（崔智淞和王弘钰，2019），员工建设性越轨行为却意味着对组织规范、领导权威和地位的挑战，大多数员工为了避免给自己的职业发展造成风险，不愿冒险从事建设性越轨行为（Dahling 和 Gutworth，2017）。因此，员工实施建设性越轨行为既有内在“性格使然”（即个体特征）的成分，也会受到领导风格等外在工作环境因素的影响（孙建群、田晓明和李锐，2016）。员工始终嵌套于组织之中，且领导经常以组织代理人的身份与员工进行各种正式和非正式的互动，可见，领导是员工工作行为的重要影响因素。因此，有必要同时探究员工个体特征和组织中的重要工作环境因素（如领导风格）对员工实施建设性越轨行为的影响机制。依据此逻辑，本书立足领导层面因素，基于资源保存理论探讨授权型领导对员工建设性越轨行为的跨层次影响机制，同时综合考虑个体层面因素通过引入组织自尊检验它们两者关系间的中介作用机制，引入员工传统性检验该影响过程的调节作用机制。

尽管员工建设性越轨行为有益于组织发展，但该行为违背了组织规范、挑战了领导权威和地位，具有较大的风险性，因此可能会给个体自身带来负面影响，例如，容易遭到同事的职场排斥、影响个人职业发展等（Mertens、Recker 和 Kohlborn 等，2016）。探讨员工建设性越轨行为的激发机制固然很重要，但是员工建设性越轨行为引发的职场排斥也同样需要学者给予重点关注，然而目前鲜有实证研究涉及员工建设性越轨行为的影响效果分析。本书基于社会认同理论，探讨员工建设性越轨行为对职场排斥的影响机制，通过引入员工政治技能（Political Skill）和职场友谊作为调节变量，重点厘清如何有效减少员工建设性越轨行为引发的职场排斥现象，从而为员工建设性越轨行为的影响效果研究贡献新的知识，进一步拓宽现有理论的研究范围。

1.2 研究目的

研究目的表现在两个方面：第一，综合考虑领导风格和个体特征两个层面的因素，探讨员工建设性越轨行为的形成机制。基于资源保存理论，探讨授权型领导对员工建设性越轨行为的跨层次影响，将组织自尊作为中介变量揭开它们两者间内在作用机理的“神秘面纱”，将员工传统性作为调节变量，构建被调节的中介作用模型，进而厘清它们两者作用关系间的情境因素。第二，探讨员工建设性越轨行为给个体自身带来的负面效应以及规避策略。基于社会认同理论，探讨员工建设性越轨行为对职场排斥的影响机制，将员工政治技能和职场友谊作为调节变量，同时构建了一个被中介的调节作用模型，探讨职场友谊对员工政治技能调节效应的中介作用。

1.3 研究意义

已有研究主要聚焦于具有破坏性的员工越轨行为（即工作偏离行为），事实上，能够促进组织发展的员工建设性越轨行为逐渐引起国内外学者的关注，但是相关研究正处于起步阶段。员工为何自愿或不敢实施建设性越轨行为，作为组织重要代理人的领导者在其中发挥何种作用？该行为在促进组织健康发展的同时又会对个体自身产生何种负面影响？这些问题均是学者们需要重点关注的研究议题。在知识经济时代，员工对工作自主权和参与决策权有着较强的内在心理需求，这就要求管理者采取授权型领导风格有效匹配员工的工作心理和行为。因此，本书基于资源保存理论，探讨授权型领导对员工建设性越轨行为的作用机理，引入组织自尊作为中介变量和员工传统性作为调节变量，为管理者采取有效的领导风格并关注员工差异化的个体特征激励员工实施建设性越轨行为提供理论参考。

另外，学者们对员工建设性越轨行为给组织和个体带来何种影响的研究仍然停留在理论分析阶段，相关实证研究较为匮乏（孙建群、田晓明和李锐，2016）。目前，学者们普遍认为员工建设性越轨行为有助于提升员工工作幸福感和创新绩效、促进组织变革和组织创新。尽管领导的授权行为意味着领导给予员工实施建设性越轨行为较多的理解、支持和包容，员工实施该行为不会受到挑战领导权威和地位的心理困扰，但是因为该行为违背了组织规则，打破了同事既定的工作模式，给同事的现有组织地位带来威胁感知，容易引发同事的嫉妒、焦虑和愤怒等消极情绪，导致员工可能受到来自同事的职场排斥，所以员工建设性越轨行为对个体自身的负面影响也不容忽视（Mertens、Recker和Kohlborn等，2016）。本书重点关注员工建设性越轨行为给个体自身带来的负面影响，这也是员工不愿实施建设性越轨行为的重要原因，是员工在实施该行为过程中重点考虑的现实问题。本书通过将员工政治技能和职场友谊作为调节变量，并构建一个被中介的调节作用模型，探讨员工建设性越轨行为对职场排斥的影响机制，从而帮助员工提升组织政治技能、发展良好的职场友谊，进而减少员工建设性越轨行为给个体自身带来的职场排斥。

1.4 研究方法

1.4.1 文献研究法

本书对涉及的7个研究变量从概念内涵、测量、影响因素、影响效果、中介作用或调节作用等方面进行文献回顾，以便全面深入地分析国内外现有研究概况，进而为厘清变量之间的作用关系奠定基础，从而更有针对性地构建科学的研究模型。在期刊文献的选择方面，以SSCI和CSSCI论文作为选择标准，并以经典文献、近10年的文献和已有综述性文献作为文献综述的基础，以便增加研究文献的说服力。需要指出的是，因学者们对变量概念内涵和测量的研究主要集中在变量概念提出的早期，后期学者们主要是开展相关实证研究，故变量概念内涵和测量的文献涉及的年代较早，且后期此方面的文献较少。

1.4.2 问卷调查法

为减少变量之间的同源方法偏差问题，本书采用领导下属配对方式收集问卷，初始发放问卷时，领导下属配对比例为1∶5。同时，采用2个时点方式（间隔时间1个月）收集配对数据。问卷调查通过企业调研联络人（主要是作者的MBA学生和亲朋好友）发放和收集问卷，告知企业调研联络人问卷调查的注意事项以及问卷发放和填答的顺序，尽可能提高问卷的回收率和回收质量。需要指出的是，由于2个子研究的变量呈现的因果关系顺序不一致，2个子研究采用了两个不同的调研样本，以便尽可能提升数据质量和统计分析效果。

1.4.3 统计分析法

本书采用SPSS 21.0软件计算变量之间的相关系数、检验由员工评价的授权型领导数据聚合到团队层面的合理性、检验员工建设性越轨行为与职场排斥之间作用关系机制的研究假设；采用Mplus 7.0软件检验变量的聚合效度、区分效度和同源方差问题以及授权型领导与员工建设性越轨行为之间作用关系机制的研究假设。由于 Mplus 7.0 软件不适合多层次模型分析结果的置信区间估计，本书采用 R 软件结合 Mplus 7.0 软件计算生成的参数估计组织自尊的中介作用和员工传统性的调节作用的置信区间。员工建设性越轨行为影响效果研究不涉及多层次模型，因此本书采用 SPSS 21.0 软件的 process 插件估计员工政治技能的调节作用和职场友谊的调节作用以及被调节的中介作用的置信区间。

1.5 研究内容

本书围绕员工建设性越轨行为的形成机制和影响效应展开研究，具体研究内容包括：

（1）绪论

该部分内容主要通过分析员工建设性越轨行为的研究背景，突出本书研究主题的必要性；通过明确研究目的，指出本书需要探讨的研究命题；通过厘清研究意义，凸显本书研究的理论价值和现实价值，进一步明晰研究的独特贡献；通过梳理研究方法，强化研究模型构建的合理性、明确问卷调查方法的流程以及厘清实证分析各部分采用的统计分析方法。

（2）文献综述

为了增加研究模型构建的合理性，作者依据 7 个研究变量在本书中发挥作用的类型进行文献梳理，而非全景式地面面俱到，尽可能避免文献梳理过于累赘和烦琐，注重文献梳理与本书研究模型构建的关联性。

（3）授权型领导对员工建设性越轨行为的跨层次影响

首先，本书在“问题提出”部分阐述知识经济时代员工对工作自主权和参与决策权有着较强的心理需求，强调从授权型领导视角探讨员工建设性越轨行为激发机理的合理性和必要性；其次，基于资源保存理论进行理论梳理和假设推演，构建授权型领导对员工建设性越轨行为的跨层次影响模型；再次，阐述研究样本的获取程序、样本的人口统计学信息以及研究量表的选择；最后，进行统计分析，检验研究假设，并从研究内容和研究模型构建方面明确研究尚需完善之处。

(4) 员工建设性越轨行为对职场排斥的影响机制

该部分内容遵循与"授权型领导对员工建设性越轨行为的跨层次影响"相同的研究思路。不同的是，该部分内容并不涉及跨层次影响分析，研究模型构建方面也存在差异。该部分内容突破了传统研究仅注重探索员工建设性越轨行为的激发或抑制机制，而忽视了对其影响效果探究的弊端，是对以往研究内容和研究范式的有益补充。

(5) 总结与展望

该部分概括归纳了2个子研究的主要结果，并从量表开发和研究方法两个方面指出本书的2个子研究存在的共性问题，建议学者们未来可以开发更契合中国组织情境的员工建设性越轨行为量表，采用纵向追踪研究设计和案例研究设计方法进一步提升研究结果的准确性和可靠度。

研究技术路线如图1.1所示。

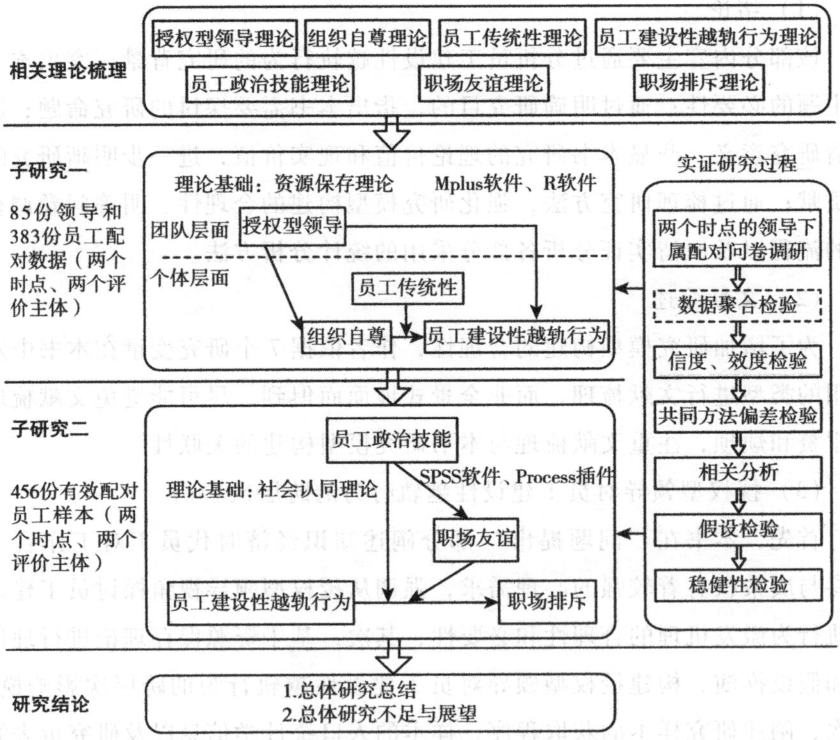

图1.1 研究技术路线图

第 2 章

文献综述

本章对本书涉及的相关变量进行文献综述时，选取的文献主要来源于SSCI和CSSCI论文，由于变量的概念界定和测量主要集中在概念提出的早期阶段，此部分的文献年代较早，但在变量的影响因素、影响效果、中介作用或调节作用等方面，尽可能以经典文献和近10年的文献作为综述的基础性文献，同时考虑到部分研究内容和成果存在雷同问题，在综述时优选论文等级质量更高的文献。随着学术的快速发展，不同时期会有高质量的相关变量的中外文综述性文章较为详尽地总结了截止某一时间节点的过往研究成果，因此，本章在综述相关研究成果时，采用的基本原则是尽可能借鉴已有的中外文综述性文献，同时补充最新或既有综述文献中并未涉及的研究成果，以便较好地反映相关研究成果的全貌。

2.1 授权型领导的相关研究

2.1.1 授权型领导的内涵

授权型领导的概念最早由康扎克、施特利和特拉斯蒂（Konczak、Stelly和Trusty，2000）提出，是指领导者与下属分享权力并激励下属进行自我管理的授权行为。随后，学者们也提出了类似的概念界定。例如，阿诺德、阿拉德和罗德斯等学者（Arnold、Arad和Rhoades等，2000）认为授权型领导是授权型组织或团队中以授予下属职权为核心的有效领导行为；斯里瓦斯塔瓦、巴尔托尔和洛克（Srivastava、Bartol 和 Locke，2006）将授权型领导定义为领导者将权力授予员工从而提高员工内在动机、促进组织目标实现的行为；张和周（Zhang 和 Zhou，2014）认为授权型领导是指领导者通过向员工阐明工作意义、赋予员工更多的自主权、传递对员工能力的信心、清除绩效障碍等方式来与员工分享权力的管理行为。总体而言，这些概念内涵的表述没有太大的差异，都强调通过对下级的权力和责任的传递实现员工的自我管理和自我领导，从而激发员工内在工作动机和行为表现（唐贵瑶、李鹏程和陈杨，2012；Sharma 和 Kirkman，2015）。具体而言，领导者的典型授权行为主要包括与员工分享权力、鼓励员工参与决策、为员工提供工作指导、与员工分享信息、鼓励员工表达观点和想法、促进团队合作等（Konczak、Stelly 和 Trusty，2000）。随后学者们并未就授权型领导的概念内涵进行更为深入的探讨，而是将注意力转移到授权型领导的影响效果研究方面。

2.1.2 授权型领导的测量

目前，学者们对授权型领导的维度划分并未达成一致意见，主要的研究量表如表 2.1 所示。从表 2.1 可知，王辉、武朝艳和张燕等（2008）的量表除了综合了其他学者的测量维度之外，还考虑到中国情境下领导者在授权的同时也会对下属进行适当的“监控”（过程控制、结果和目标控制）。本书拟采用维奇奥、贾斯廷和皮尔斯（Vecchio、Justin 和 Pearce，2010）的量表，示例题目为：“领导鼓励我们把问题看成机会而不是障碍”“领导建议我们在面对问题时自己寻找问题解决机会”。

表 2.1　　授权型领导的测量量表

学者	维度数目（个）	维度划分	题目总数（个）
Konczak、Stelly 和 Trusty (2000)	6	授予权力、承担责任、自主决策、信息分享、技能发展、鼓励创新	17
Arnol、Arad 和 Rhoades 等 (2000)	5	以身作则、教导、参与决策、信息分享、关怀下属	38

续表

学者	维度数目（个）	维度划分	题目总数（个）
Pearce 和 Sims（2002）	6	鼓励自我奖励、鼓励独立行动、鼓励团队合作、参与目标制定、鼓励寻找机会、鼓励自我发展	20
王辉、武朝艳和张燕等（2008）	6	个人发展支持、权力委任、参与决策、工作指导、过程控制、结果和目标控制	24
Vecchio、Justin 和 Pearce（2010）	3	独立行动、思考机会、合作行动	10
Zhang 和 Bartol（2010）	4	强调工作意义、传递绩效信心、促进员工参与决策、提高员工自主权	12
Amundsen 和 Martinsen（2014）	2	支持员工自治、支持员工发展	18

2.1.3　授权型领导的影响因素

目前，授权型领导的影响因素研究较少，主要集中在员工个体特征、领导者个体因素和组织环境因素三个方面，研究视角相对单一，涉及具体因素的研究尚不深入，还未形成完善的理论框架。

员工个体特征方面：员工的工作熟练度、员工的主动性（Sharma 和 Kirkman，2015）均能够减少领导的授权风险，激发领导的授权行为。

领导者个体因素方面：领导者的个体差异（如文化价值观、自恋型人格特质）和领导成员交换关系（Sharma 和 Kirkman，2015）、领导者的性别（Slaughter，2012）、领导者对下属绩效与正直性的信任程度（Hakimi、Van Knippenberg 和 Giessner，2010）、领导者的授权能力和授权意愿（李晓露和林美珍，2016）、领导者的工作负担（刘生敏和廖建桥，2013）、领导者对下属的信任和领导者的权力距离（韦慧民和龙立荣，2011）、领导者对任务绩效和组织利益实现程度的风险考量（杨英、周丽芳和龙立荣，2010）、领导者的长期结果考量和自我牺牲精神（张文慧和王辉，2009）等因素均会影响领导者对下属的授权行为。

组织环境因素方面：上级或同级领导者施加的工作压力（Sharma 和 Kirkman，2015）、组织制度控制（韦慧民和龙立荣，2011）、环境不确定性（张文慧和王辉，2009）等均是影响领导授权行为的重要环境因素。

2.1.4 授权型领导的影响效果

本书将授权型领导作为自变量进行分析，因此本部分重点综述授权型领导的影响效果。早期学者们主要探究了授权型领导对个体、团队和组织三个不同层次变量的积极影响效果，相较于团队和组织层次的影响效果研究而言，授权型领导对个体层次的积极影响效果取得了较多的研究成果。

2.1.4.1 个体层次的影响效果研究

（1）员工认知和态度

授权型领导对员工认知和态度的积极效应体现在以下几个变量：

①工作幸福感。研究表明，工作重塑（Kim 和 Beehr，2018a）、组织支持感知和同事支持感知（Kim、Moon 和 Shin，2018）、心理资本（Park、Kim 和 Yoon 等，2017）起到中介作用。

②工作满意度和组织承诺。研究表明，心理授权（Dewettinck 和 van Ameijde，2011；Fong 和 Snape，2015）、自我领导（Amundsen 和 Martinsen，2015）、领导成员交换（Hassan、Mahsud 和 Yukl 等，2013）、员工韧性（Vecchio、Justin 和 Pearce，2010）起到中介作用。

③职业满意度和职业承诺。研究表明，工作重塑（Kim 和 Beehr，2018a）、职业自我效能感（Biemann、Kearney 和 Marggraf，2015）起到中介作用。

④生活满意度和家庭生活质量。研究表明，工作意义感（Kim 和 Beehr，2018b）、心理授权（易健、关浩光和杨自伟，2014）起到中介作用。

⑤工作投入。研究表明，个人—工作匹配、个人—团队匹配（Cai、Cai 和 Sun 等，2018）、心理资本（Park、Kim 和 Yoon 等，2017）起到中介作用；主动性人格（Cai、Cai 和 Sun 等，2018）起到调节作用。

⑥工作嵌入。研究表明，任务互依性和组织政治（Erkutlu 和 Chafra，2015）起到调节作用。

⑦心理授权。研究表明，领导成员交换（Kwak 和 Jackson，2015）、自我领导（Amundsen 和 Martinsen，2015）起到中介作用。

此外，授权型领导能够降低员工的情绪耗竭，工作意义感起到中介作用（Kim 和 Beehr，2018b）；也能够降低员工的离职意愿，心理授权和情感承诺起到中介作用（Chen、Sharma 和 Edinger 等，2011；Bester、Stander 和 van Zyl，2015），关系冲突（Chen、Sharma 和 Edinger 等，2011）起到调节作用。

（2）工作行为

①建言行为。研究表明，领导成员交换质量（Jada 和 Mukhopadhyay，2019）、反馈寻求行为（Qian、Song 和 Jin 等，2018）、主动性目标设置（Schilpzand、Houston 和 Cho，2018）、心理所有权（李燕萍、史瑶和毛雁滨，2018）、组织自尊（熊会兵、汪浩和申雅媚，2017）、心理授权（薛贤、宋合义和谭乐，2015）等起到中介作用；晚上睡眠质量（Schilpzand、Houston 和 Cho，2018）、权力距离（Jada 和 Mukhopadhyay，2019；薛贤、宋合义和谭乐，2015）、上下级关系（熊会兵、汪浩和申雅媚，2017）等起到调节作用。

②主动担责行为。研究表明，心理授权（Li、Chiaburu 和 Kirkman，2017）、反馈寻求行为（Qian、Song 和 Jin 等，2018）、角色宽度自我效能感（Li、He 和 Yam 等，2015）等起到中介作用；组织支持氛围（Li、Chiaburu 和 Kirkman，2017）、权力距离（Li、He 和 Yam 等，2015）等起到调节作用。

③组织公民行为。研究表明，组织自尊（Kim 和 Beehr，2018b）、心理授权（Li、Chiaburu 和 Kirkman，2017；Fong 和 Snape，2015；Raub 和 Robert，2010）、工作繁荣（Li、Liu 和 Han 等，2016）起到中介作用；组织支持氛围（Li、Chiaburu 和 Kirkman，2017）、自主导向（Li、Liu 和 Han 等，2016）、权力价值观（Raub 和 Robert，2010）起到调节作用。

④知识共享行为。研究表明，心理资本（Wu 和 Lee，2017）、知识共享态度（Xue、Bradley 和 Liang，2011）、内部人身份感知（王伟、于吉萍和张善良，2019）起到中介作用；职场友谊（王伟、于吉萍和张善良，2019）起到调节作用。

⑤亲组织非伦理行为。研究表明，心理授权和领导成员交换起到链式中介作用（徐琳、王济干和樊传浩，2018）。

⑥亲社会违规行为。研究表明，心理安全感起到中介作用，自我效能感调节了心理安全感的中介作用（颜爱民、赵浩和赵德岭等，2017）。

此外，授权型领导能够减少员工的沉默行为（Ju、Ma 和 Ren，2019）；减少员工的迟到、缺席和离职行为，情感承诺起到中介作用（Kim 和 Beehr，2018c）；抑制员工的工作偏离行为，组织自尊（Kim 和 Beehr，2018b）、心理所有权（Kim 和 Beehr，2017）起到中介作用；削弱员工的犬儒主义，心理授权起到中介作用，领导成员交换起到调节作用（Lorinkova 和 Perry，2017）。

（3）工作结果

授权型领导能够提升员工工作绩效。它们两者关系间的诸多中介变量被检验，例如，工作繁荣（Aryee、Kim 和 Zhou 等，2019）、心理授权（Kundu、Kumar 和 Gahlawat，2019）、目标清晰度（Kearney、Shemla 和 van Knippenberg 等，2019）、反馈寻求行为（Qian、Song 和 Jin 等，2018）、组织支持感知和同事支持感知（Kim、Moon 和 Shin，2018）、心理所有权和自我效能感（Kim 和 Beehr，2017）、角色清晰度（Harris、Li 和 Boswell 等，2014）、员工韧性（Vecchio、Justin 和 Pearce，2010）、员工对领导的信任（谢俊和汪林，2014）等。它们两者关系间的调节变量包括：愿景型领导（Kundu、Kumar 和 Gahlawat，2019）、共享型的组织社会交换（Aryee、Kim 和 Zhou 等，2019）、挑战性压力源、阻碍性压力源和个体需求（Sharma 和 Kirkman，2015）、员工对领导的满意度（Martin、Liao 和 Campbell，2013）等。

授权型领导能够激发员工创造力和员工创新活动。它们两者关系间的中介变量包括：学习动机和员工对领导的信任（Chow，2018）、组织自尊、资源获取和信息获取（Zhang、Ke 和 Frank Wang 等，2018）、创造力自我效能感（Zhang 和 Zhou，2014）、创造性过程投入（Harris、Li 和 Boswell 等，2014）、心理授权和情感承诺（Chen、Sharma 和 Edinger 等，2011）、内在动机（Zhang 和 Bartol，2010）、工作重塑（杨建春和毛江华，2019）、组织自尊（王宏蕾和孙健敏，2018）、心理安全感和个性化交易（链式中介）（吕霄、樊耘和张婕等，2018）、内部人身份感知（苏屹、周文璐和崔明明等，2018）、团队创新氛围（孙圣兰和吕洁，2016）等。它们两者关系间的调节变量包括：问题解决需求和创造性人格（Audenaert 和 Decramer，2018），经验开放性（Chow，2018），内在动机和任务可见性（三重交互作用）（Byun、

Dai 和 Lee 等，2016），员工对领导的信任和不确定性规避（三重交互作用）（Zhang 和 Zhou，2014），组织对创造力的支持（Harris、Li 和 Boswell 等，2014），授权角色认同（Zhang 和 Bartol，2010），主动性人格（杨建春和毛江华，2019；Kim，2018），结构正式化（王宏蕾和孙健敏，2018），员工的性别、年龄和婚姻状况（苏屹、周文璐和崔明明等，2018）等。

2.1.4.2　团队层次的影响效果研究

（1）团队绩效

研究表明，团队合作（Zhu 和 Chen，2016）、团队学习、团队授权和团队心智模型（Lorinkova、Pearsall 和 Sims Jr，2013）、团队知识共享和团队效能感（Srivastava、Bartol 和 Locke，2006）、交互记忆系统（林晓敏、林琳和王永丽等，2014）、社会整合和知识整合（国维潇和王端旭，2014）起到中介作用；团队发展阶段（Lorinkova、Pearsall 和 Sims，2013）、团队沟通（王永丽、邓静怡和任荣伟，2009）起到调节作用。

（2）团队创造力/创新

研究表明，团队成员的内在动机（赵金国、孙玮和朱晓红等，2019）、过程视角下的领导力共享（蒿坡、龙立荣和贺伟，2014）起到中介作用；团队成员的认知多样性（赵金国、孙玮和朱晓红等，2019）、投入视角下的领导力共享（蒿坡、龙立荣和贺伟，2014）起到调节作用。

相较于个体层次，团队层次研究成果较少，中介变量仍然存在较大的探索空间，调节变量的研究则严重不足，这也为学者们创造了丰富的理论创新机遇和挑战。

2.1.4.3　组织层次的影响效果研究

授权型领导对组织层面结果变量的影响研究较为匮乏。卡尔梅利、朔布洛克和提什勒（Carmeli、Schaubroeck 和 Tishler，2011）的研究发现，CEO 授权型领导通过影响高管团队行为整合和团队效能（链式中介）进而提升企业绩效，环境不确定性在该影响过程中起到调节作用；此外，还可以通过影响高管团队知识分享进而提升企业创新绩效，环境动态性调节了高管团队知识分享的中介作用（唐贵瑶、李鹏程和陈扬，2016）。

2.1.4.4 负面效应

授权型领导的负面影响逐渐引起学者们的关注，王宏蕾和孙健敏（2019）对此进行了梳理。他们基于双重任务加工效应阐释了授权型领导容易导致员工工作绩效降低，其原因在于领导过度授权造成员工认知资源的分散和损耗；基于角色理论阐释了授权型领导容易导致员工角色冲突、角色模糊、角色超载，降低了员工工作满意度、工作幸福感和生活满意度，导致员工心理抑郁、工作倦怠和工作家庭冲突，其原因在于角色压力容易造成员工心理资源损耗；基于内隐领导理论阐释了领导与下属对授权的预期不一致导致员工产生负面的工作行为和结果，其原因在于领导的授权行为容易让员工产生领导对工作任务不重视和推卸自身责任的负面认知。鉴于此，他们认为组织支持、员工对领导的信任、人力资源管理实践等能够提供有价值的工作资源，团队异质性、团队发展阶段等有助于厘清员工的工作角色，员工对授权的认同、成就目标导向、组织公平感等会影响员工对授权型领导的认知，这些因素构成了授权型领导有效性的边界条件。另外，林美珍和罗忠恒（2017）认为领导过度授权会增加员工的工作压力、造成人际关系冲突、引发员工过分自信和自恋，进而降低员工的工作绩效；同时，也容易引发团队内部人际冲突，从而降低团队凝聚力，阻碍团队知识共享，进而削弱团队效能；增加领导者对下属的监督和协调成本，损害领导者自信、敢于担责和公正授权的形象。马丁、廖和坎贝尔（Martin、Liao 和 Campbell，2013）认为，授权型领导提倡员工进行自我管理和自我领导，反而增加了员工的角色模糊感和对工作环境的不确定性感知，导致员工工作效率降低。

2.1.4.5 “双刃剑”效应

最近，一些学者指出授权型领导可能存在“双刃剑”效应，不仅提升了员工工作动机，同时也产生了较大的工作压力，进而对员工工作绩效带来正面和负面两种差异化的影响效果，即“双刃剑”效应（林美珍和罗忠恒，2017）。郝、贺和龙（Hao、He 和 Long，2018）的研究发现，授权型领导对员工工作绩效起到双刃剑影响效应；授权型领导不仅能够激发员工的和谐型激情，同时也会导致员工工作迷恋，进而分别对员工工作绩效产生正向和负向两种差异化的影响效果（即“双刃剑”效应），并且角色宽度自我效能感在这些影响过程中起到调节作用。郑、斯佩恩和亚马力诺等学者（Cheong、Spain 和 Yammarino 等，2016）的研究表明，授权型领导通过提升员工自我效能感而提升员工工作绩效，但也会增加下属工作负担，加剧了下属的工作紧张感，进而导致下属工作绩效的降低。

2.1.4.6 非线性效应

授权型领导与员工工作绩效之间存在非线性关系，即“过犹不及”效应。郑、亚马力诺和迪翁等学者（Cheong、Yammarino 和 Dionne 等，2019）的研究表明，授权型领导与下属的角色内和角色外绩效存在非线性关系，下属的挑战性压力源中介了该非线性效应的正向作用部分，下属的阻碍性压力源中介了该非线性效应的负向作用部分。李、郑和金等学者（Lee、Cheong 和 Kim 等，2017）的研究发现，授权型领导与员工任务绩效之间存在“倒 U 型”关系，员工的学习导向起到正向调节作用。Sharma 和 Kirkman（2015）的研究指出，随着时间的推移，授权型领导与工作满意度呈现“倒 U 型”关系，而与心理抑郁呈现“U 型”关系。阿蒙森和马丁斯（Amundsen 和 Martinsen，2014）的研究表明，当领导与下属对授权的预期一致时，授权型领导与领导效能呈现“倒 U 型”关系。亨伯斯塔、尼斯塔德和戴斯维克（Humborstad、Nerstad 和 Dysvik，2014）的研究则表明，授权型领导与组织公民行为存在“倒 U 型”关系，员工的精熟导向（mastery orientation）起到正向调节作用。尹奎、邢璐和汪佳（2016）的研究表明，授权型领导与员工任务绩效存在“倒 U 型”关系，员工自我决定感起到中介作用。可见，领导只有适度授权才能发挥有效作用。

综上可知，授权型领导的影响效果研究主要聚焦于其所产生的积极影响，并且主要关注了授权型领导对个体层面变量的影响，较少关注到团队和组织层面变量。另外，授权型领导的负面效应研究则处于起步阶段，授权型领导的“双刃剑”影响效应研究和“非线性”影响效应研究仍然有许多值得探索的主题有待解决。

授权型领导的影响效果模型总结如图 2.1 所示。调节变量的箭头指向之所以采用虚线表示，是因为调节变量在不同研究模型中的调节位置存在差异。

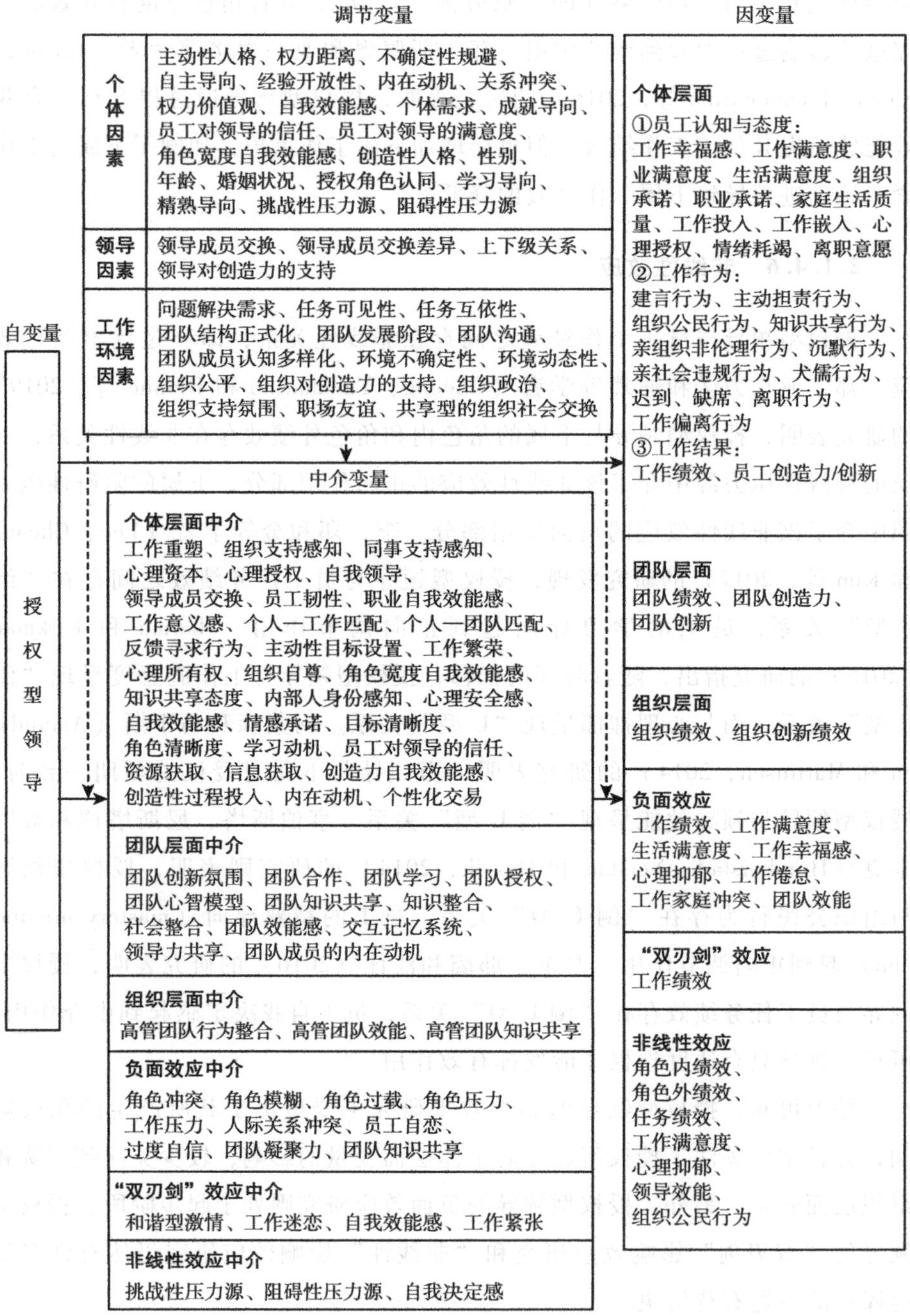

图 2.1　授权型领导的影响效果模型

2.1.5 授权型领导的调节作用

领导者的授权行为给员工创造了一种相对分权的工作氛围，能够对组织中某些因素之间的关系起到调节作用（唐贵瑶、李鹏程和李骥，2012）。金（Kim，2019）的研究表明，授权型领导调节了主动性人格对员工创造力的正向影响。董、廖和庄等学者（Dong、Liao 和 Chuang 等，2015）的研究表明，授权型领导强化了促进型调节焦点在顾客授权行为与顾客满意度之间的中介作用。范迪克、德克雷默和迈耶等学者（Van Dijke、De Cremer 和 Mayer 等，2012）的研究表明，授权型领导调节了程序公正与自我感知的地位之间的关系，并且调节了自我感知的地位在程序公正与组织公民行为之间的中介作用。高、詹森和史（Gao、Janssen 和 Shi，2011）的研究表明，授权型领导正向调节了下属对领导的信任与员工建言行为之间的正向关系。李淼淼、魏钧和张晓冬（2019）的研究表明，授权型领导不仅正向调节非常规性工作对自我效能感的积极影响，而且对自我效能感在非常规性工作与员工创造力之间的中介效应也起到调节作用。谢宝国、郭永兴和夏德（2018）的研究表明，授权型领导正向调节下属工作意义感在上级工作投入与下属工作投入之间的中介作用。可见，尽管授权型领导的调节作用研究相对匮乏，但近几年，国内外学者在这方面展开了一些尝试性的探索研究。

2.2 组织自尊的相关研究

2.2.1 组织自尊的内涵

组织自尊（Organization - Based Self - Esteem，OBSE）由皮尔斯、加德纳和卡明斯等学者（Pierce、Gardner 和 Cummings 等，1989）最早提出，是指个体在组织中认同自身能力、将自身视为有价值的组织成员的感知和评价。这一概念被国内外学者广泛采纳沿用，随后学者们在皮尔斯、加德纳和卡明斯等学者（Pierce、Gardner 和 Cummings 等，1989）的概念界定基础上提出了各自对该概念的界定和理解，但基本上仍然趋同于皮尔斯、加德纳和卡明斯等学者（Pierce、Gardner 和 Cummings 等，1989）的概念界定内涵，主要体现为员工在组织中重要性、影响力的价值感知。例如，惠和李（Hui 和 Lee，2000）将组织自尊定义为员工在组织中基于过往经验所产生的对自身价值的感知；威德默、塞默和卡林等学者（Widmer、Semmer 和 Kälin 等，2012）认为组织自尊是员工对于自身在组织中的价值和影响组织的能力的评价；潘孝富、秦启文和张永红等（2012）认为组织自尊是员工对自身在组织中的自豪感和价值感的一种认知；严丹（2012）将组织自尊界定为员工在组织中感受到被尊重、被需要的积极自我认知；陶建宏、师萍和段伟宇（2014）认为组织自尊是个体对自己和组织双方的重要性和有效性的评价；余璇和陈维政（2016）认为组织自尊是来源于个体对组织层次自我核心价值评价的一种主观认知。

综合以上观点，高组织自尊的员工觉得自己有着较高的工作能力，在企业中扮演着重要的、不可或缺的角色；低组织自尊的员工会觉得组织与自己无关，内心抵触，自我贬低价值。

2.2.2 组织自尊的测量

组织自尊的测量主要采用的是皮尔斯、加德纳和卡明斯等学者（Pierce、Gardner 和 Cummings 等，1989）开发的 10 个题项的单维度量表。李（Lee，2003）以韩国员工为样本检验了该量表的普适性，发现该量表呈现二维结构特征，但考虑到可能是由于文化差异和调查对象特征导致该量表出现二维结构，所以他们并没有对这两个维度进行命名，而是简单删除其中一个因子，将另外一个因子作为测量的题目。松田町、皮尔斯和石川（Matsuda、Pierce 和 Ishikawa，2011）也检验了该量表在日本文化情境下的适用性，通过对日本员工的问卷调查进行统计分析发现，有 2 个题目聚合性比较差，形成了 8 个题项的单维度量表，进一步验证了该量表也适用于亚洲文化情境。潘孝富、秦启文和张永红等（2012）基于华人组织情境，开发了两个维度的组织自尊量表，分别为自豪感和价值感，共 7 个题项，该量表在他们随后的论文中再次得到了验证（Pan、Qin 和 Zhang 等，2014）。王颂、解蕴慧和马力（2014）通过概念构图法将组织自尊划分为基于工作单位、工作绩效、工作角色、领导、下属与同事的自尊 5 个维度。郭靖、周晓华和张金桥等（2015）对国内外组织自尊概念和量表进行比较分析后，针对华人背景下产业工人的特点开发了包含 5 个题项的单维度量表。

综上可知，尽管国内学者基于中国情境对组织自尊的结构维度进行了一些有益的探索，但是这些量表主要出现在各自的研究文献中，并未引起国内学者的广泛关注和使用。目前，皮尔斯、加德纳和卡明斯等学者（Pierce、Gardner 和 Cummings 等，1989）开发的 10 个题项的单维度量表仍然是国内外学者在相关研究中采用较多的量表，本书也遵循这一原则，对组织自尊的测量采用该成熟量表。

2.2.3　组织自尊的中介作用

本书将组织自尊作为中介变量进行分析，因此本部分重点梳理组织自尊的中介作用。研究表明，个体、领导和工作环境因素均会对员工的组织自尊产生影响；个体较高的组织自尊水平能够激发其积极的工作态度和工作行为，产生积极的工作结果，同时，个体较高的组织自尊也有助于抑制员工消极的工作态度和工作行为，避免员工产生不良的工作结果。组织自尊的此种中介作用机制已获得较多的实证研究支持，具体而言：

（1）个体因素方面

以往研究表明，信任关系（Bao、Xu 和 Zhang，2016）、心理契约履行（Gardner、Huang 和 Niu 等，2015）、心理所有权（Pan、Qin 和 Zhang 等，2014）、资质过剩感知（程豹、周星和郭功星，2019）、体面劳动（吴江，2019）、权力感（容琰、杨百寅和隋杨，2016）、组织认同（唐秀丽和辜应康，2016）、工作幸福感（黄亮和彭璧玉，2015）、员工—组织价值观匹配（马贵梅、樊耘和于维娜等，2015）等提升了员工的组织自尊，进而对个体产生积极效应。

具体而言，现有研究主要集中在以下几个方面：

①信任关系（Bao、Xu 和 Zhang，2016）、个性化契约（胡玮玮、丁一志和罗佳等，2018）均能提升员工的组织自尊，进而促进员工之间的知识共享、知识整合。

②心理契约履行提升了员工的组织自尊，进而提高了员工的组织承诺（Hughes 和 Palmer，2007）、工作满意度，降低了员工的离职意愿（Gardner、Huang 和 Niu 等，2015）。

③员工权力感（容琰、杨百寅和隋杨，2016）、组织认同（李燕萍、刘宗华和郑馨怡，2016）、员工—组织价值观匹配（马贵梅、樊耘和于维娜等，2015）提升了员工的组织自尊，进而激发员工建言行为。

④组织自尊对资质过剩感知与职业满意度（程豹、周星和郭功星，2019）、情绪劳动（赵琛徽、陈兰兰和陶敏，2019）起到中介作用。

⑤组织自尊对员工建言与工作绩效（唐汉瑛和龙立荣，2019）、员工参与、规则导向与组织偏差行为（于桂兰、徐泽磊和王辉，2019）、体面劳动与创新行为（吴江，2019）、上级信任与组织公民行为（王红丽，2018）、组织认同与员工情绪劳动（唐秀丽和辜应康，2016）、工作幸福感与创新绩效（黄亮和彭璧玉，2015）、心理所有权与积极组织行为（Pan、Qin 和 Zhang 等，2014；潘孝富、秦启文和张永红等，2012）、个体—组织价值观一致性、工作自主权与组织犬儒主义（Naus、van Iterson 和 Roe，2007）起到中介作用。

此外，上述研究也提供了一些情境影响因素，如成就需要（程豹、周星和郭功星，2019）、谦卑型领导（唐汉瑛和龙立荣，2019）、心理授权（赵琛徽、陈兰兰和陶敏，2019）、情感性关系（胡玮玮、丁一志和罗佳等，2018）、互惠规范强度（王红丽，2018）、劳动权益保障和组织创新奖励（吴江，2019）、工作价值观（李燕萍、刘宗华和郑馨怡，2016）、主动性人格（容琰、杨百寅和隋杨，2016）、交易型领导（黄亮和彭璧玉，2015）、组织支持感（马贵梅、樊耘和于维娜等，2015）、感知到的就业机会（Gardner、Huang 和 Niu 等，2015）等，均会对组织自尊的中介效应起到调节作用。

（2）领导因素方面

以往研究表明，服务型领导（Yang、Zhang 和 Kwan 等，2018）、授权型领导（Kim和Beehr，2018b）、领导成员交换（Sui和Wang，2014）、上下级关系（Liu、Huit和Lee等，2013）、共享型领导、发展型领导和未来导向型领导（Norman、Gardner和Pierce，2015）、包容型领导（齐蕾、刘冰和魏鑫，2019）、家庭支持型领导（王三银、刘洪和林彦梅，2019）、精神型领导（王明辉、郭腾飞和陈萍等，2016；Wu和Li，2015）、道德型领导（刘蕴，2016）、伦理型领导（舒睿和梁建，2015）、谦卑型领导（唐汉瑛、龙立荣和周如意，2015）、分布式领导（朱瑜、黄丽君和曾程程，2014）等均有助于提升员工的组织自尊，进而对个体产生积极影响。

然而，命令型领导（Norman、Gardner和Pierce，2015）、家长型领导（Chan、Huang和Snape等，2013）、领导排斥（李澄锋和田也壮，2017）、自恋型领导（廖书迪、刘文兴和廖建桥，2016）、辱虐管理（严丹，2012）等，均会对员工的组织自尊产生负向影响，进而对个体产生负面影响。

具体而言，现有研究主要集中在以下几个方面：

①组织自尊对领导成员交换（Sui和Wang，2014）、上下级关系（Liu、Hui和Lee等，2013）、权威型领导（Chan、Huang和Snape等，2013）、领导权力分享（张好雨、王辉和郭理等，2016）、精神型领导（王明辉、郭腾飞和陈萍等，2016）、伦理型领导（舒睿和梁建，2015）与员工工作绩效之间的关系起到中介作用。

②组织自尊对包容型领导（齐蕾、刘冰和魏鑫，2019）、领导排斥（李澄锋和田也壮，2017）、授权型领导（熊会兵、汪浩和申雅媚，2017）、辱虐管理（严丹，2012）与员工建言行为之间的关系起到中介作用。

③组织自尊对导师指导（Wu、Lyu和Kwan等，2019）、精神型领导（杨振芳、陈庆文和朱瑜等，2016）、分布式领导（朱瑜、黄丽君和曾程程，2014）与员工主动行为之间的关系起到中介作用。

④组织自尊对领导积极反馈（Haider、de Pablos Heredero和Ahmed，2019）、领导权力分享（张好雨、王辉和郭理等，2016）、权威型领导（Chan、Huang和Snape等，2013）、导师指导（Ghosh、Reio和Haynes，2012）与组织公民行为之间的关系起到中介作用。

⑤组织自尊对家庭支持型领导（王三银、刘洪和林彦梅，2019）、自我领导（陶建宏、师萍和段伟，2014）与创新行为，道德型领导与助人行为

（刘蕴，2016），伦理型领导与责任行为（舒睿和梁建，2015）之间的关系起到中介作用。

⑥组织自尊对服务型领导与家庭满意度、家庭生活质量（Yang、Zhang和Kwan等，2018）、授权型领导与工作幸福感（Kim和Beehr，2018b）、伦理型领导与工作满意度（舒睿和梁建，2015）、谦卑型领导与工作投入（唐汉瑛、龙立荣和周如意，2015）之间的关系起到中介作用。诺曼、加德纳和皮尔斯（Norman、Gardner和Pierce，2015）进行了较为全面的研究，发现组织自尊在"命令型领导、共享型领导、发展型领导、未来导向型领导"与"工作满意度、情感承诺、离职意愿、缺勤意愿"之间起到中介作用。

此外，上述研究也提供了一些情境影响因素，如员工传统性（Wu、Lyu和Kwan等，2019）、集体主义倾向（Sui和Wang，2014）、仁慈型领导（Chan、Huang和Snape等，2013）、主管提供的职业指导（Liu、Hui和Lee等，2013）、上下级关系（熊会兵、汪浩和申雅媚，2017）、高承诺人力资源管理（刘蕴，2016）、内部人身份感知（张好雨、王辉和郭理等，2016）、权力距离（唐汉瑛、龙立荣和周如意，2015）、个性控制点（严丹，2012）等，均会对组织自尊的中介效应起到调节作用。

（3）工作环境因素方面

以往研究表明，组织支持感知（Abas、Omar和Halim等，2015）、工作复杂性（Gardner和Pierce，2013）、知识分享（郑馨怡、李燕萍和刘宗华，2017）、高绩效工作系统（张军伟、龙立荣和王桃林，2017）、工作边界强度（王三银、刘洪和林彦梅，2016）、高承诺人力资源管理实践（林叶和李燕萍，2015）、雇佣关系模式（包玲玲和王韬，2011）等因素，均有助于提升员工的组织自尊水平，进而对个体产生积极影响。

但是，工作不安全感（Lin、Chen和Ashford等，2018）、职场排斥（Chung和Yang，2017）、组织差序氛围（于伟和张鹏，2016）等因素降低了员工的组织自尊水平，进而对个体产生负面影响。

具体而言，现有研究主要集中在以下几个方面：

①组织自尊对高绩效工作系统与工作绩效（张军伟、龙立荣和王桃林，2017）、高承诺人力资源管理与前瞻行为（林叶和李燕萍，2016）、组织绩

效（李燕萍和刘宗华，2015）之间的关系起到中介作用。

②组织自尊对组织支持与反生产行为（Abas、Omar 和 Halim 等，2015）、工作偏离行为（Ferris、Brown 和 Heller，2009）、情感承诺（Lee 和 Peccei，2007）之间的关系起到中介作用。

③组织自尊对职场排斥与助人行为、建言行为、角色内行为、工作偏离行为（Chung 和 Yang，2017）、主动行为（刘小禹、刘军和许浚等，2015）、积极组织行为（乐嘉昂和彭正龙，2013）之间的关系起到中介作用。

④组织自尊对知识分享与创新行为（郑馨怡、李燕萍和刘宗华，2017）、团队咨询网络密度与交互记忆系统（黄昱方和耿叶盈，2016）、雇佣关系模式与助人行为（包玲玲和王韬，2011）之间的关系起到中介作用。

⑤组织自尊对工作不安感与工作绩效、情感承诺（Lin、Chen 和 Ashford 等，2018）、组织差序氛围与漠视行为（于伟和张鹏，2016）之间的关系起到中介作用。

⑥组织自尊对团队成员的卷入程度、工作团队的包容感知与同事满意度、主管满意度、团队满意度、团队成员有效性（Gardner 和 Pierce，2016），工作复杂性与工作满意度、组织承诺、离职意愿、缺勤行为（Gardner 和 Pierce，2013），工作边界强度与组织认同（王三银、刘洪和林彦梅，2016）之间的关系起到中介作用。

此外，上述研究也提供了一些情境影响因素，如主动性人格（Lin、Chen 和 Ashford 等，2018）、工作复杂性（Gardner 和 Pierce，2013）、工作不安全感（Lee 和 Peccei，2007）、高绩效工作系统差异（张军伟、龙立荣和王桃林，2017）、工作边界弹性能力（王三银、刘洪和林彦梅，2016）、组织支持感（郑馨怡、李燕萍和刘宗华，2017）、神经质（刘小禹、刘军和许浚等，2015）、团队情绪氛围（乐嘉昂和彭正龙，2013）、员工传统性（包玲玲和王韬，2011）等均会对组织自尊的中介效应起到调节作用。

组织自尊的中介作用模型如图 2.2 所示。调节变量的箭头指向之所以采用虚线表示，是因为调节变量在不同研究模型中的调节位置存在差异。

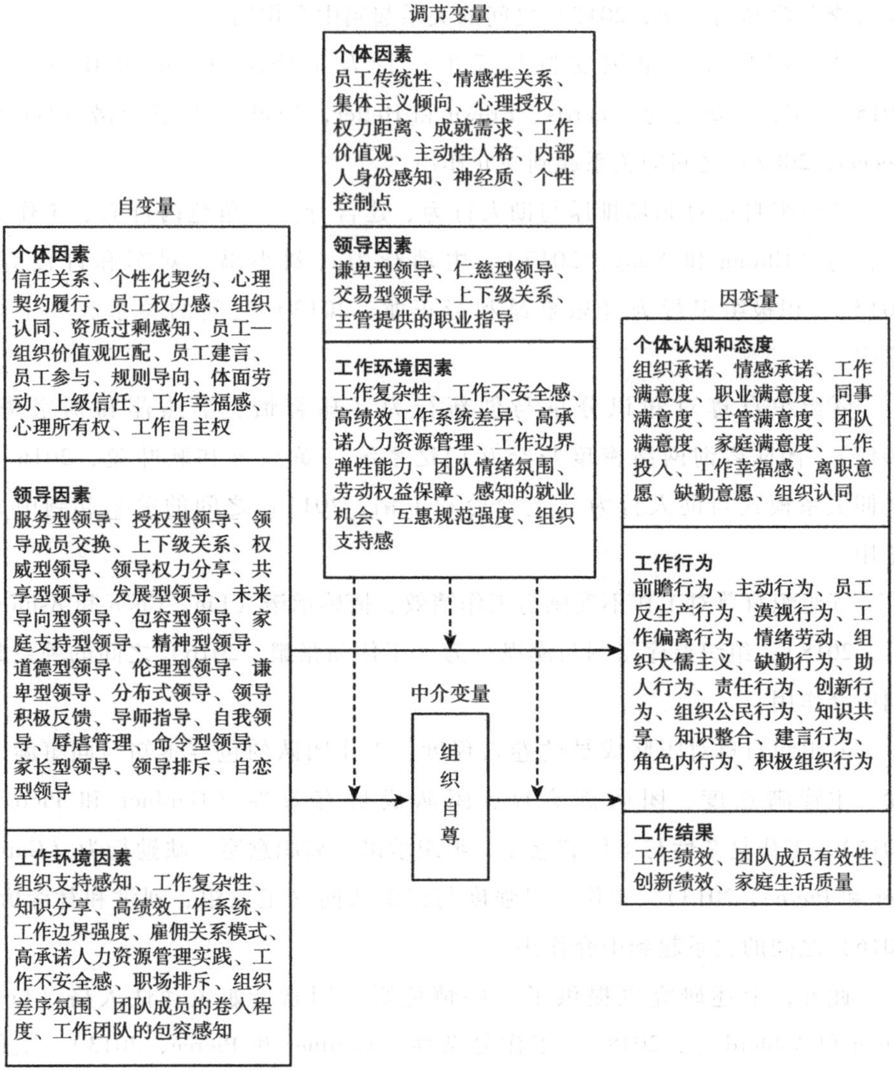

图 2.2　组织自尊的中介作用模型

2.2.4　组织自尊的调节作用

组织自尊作为一种个人的自我认知评价，能够对组织中某些因素之间的关系起到调节作用。阿里夫、辛徒和哈希米（Arif、Sindhu 和 Hashmi，2017）的研究表明，组织自尊正向调节了辱虐管理与离职意愿之间的关系。

埃克罗特、兰克和格明登（Ekrot、Rank 和 Gemünden，2015）的研究表明，项目管理者的组织自尊水平较高时，组织对新颖性观点的鼓励、职业发展路径和同事合作均会激发其建言行为。加西亚－卡布雷拉和埃尔南德斯（García－Cabrera 和 Hernández，2014）的研究表明，组织自尊水平越高，员工的组织变革参与对组织变革的抵制想法、情感和行为的负向关系会越弱。拉波因特、范登堡和帕纳奇（Lapointe、Vandenberghe 和 Panaccio，2011）的研究表明，组织自尊越高，组织承诺与情绪耗竭的负向关系越强。周爱钦、刘军和孔茗（2017）的研究表明，组织自尊正向调节主观职业成功与个人自尊之间的正向关系。余璇和陈维政（2016）的研究表明，组织自尊在整体公平感与组织信任之间起到调节作用。余璇和陈维政（2015）的研究表明，组织自尊在伦理气候对组织信任的影响中具有调节作用。李瑞（2013）的研究表明，组织自尊在职场排斥与工作绩效之间起到正向调节作用。曲如杰、王桢和焦琳等（2013）的研究表明，组织自尊强化了领导—成员交换对员工创新行为和工作绩效的正向影响。尹俊、王辉和黄鸣鹏（2012）的研究表明，组织自尊对内部人身份认知在授权型领导与组织公民行为之间的中介效应起到调节作用。可见，相对于组织自尊的中介作用研究，国内外学者针对组织自尊的调节作用研究正处于起步阶段，基本上支持了组织自尊对组织中的某些因素之间的关系起到正向调节作用。

2.3　员工传统性的相关研究

2.3.1　员工传统性的内涵

传统性的概念最早由杨国枢、余安邦和叶明华（1989）提出。他们认为传统性是指中国社会情境下人们受到传统儒家思想的影响所表现出来的认知态度、思想观念、气质特征、价值取向和行为特征。传统性在华人组织中具有较高的解释性和普适性，它不同于权力距离等变量，并不针对某种关系，体现的是整体上的文化价值观特征。这些特征是中国传统社会中人们所最常具有的，并且仍然能在当代中国社会的人们身上观察到（Yang，

2003)。樊景立、厄利和林（Farh、Earley 和 Lin，1997）则将传统性引入组织行为领域，将传统性界定为个体对儒家社会伦理中等级角色的认同程度，认为传统性在很大程度上反映了员工的工作原则取向。许多学者也采用了这一界定来定义和测量传统性构念，例如，惠、李和卢梭（Hui、Lee 和 Rousseau，2004）将传统性定义为个体认可和接纳中国传统文化价值观念的程度；谢（Xie，2008）认为个人的传统性是个人价值观的体现，是指个体对社会规范的接受、遵守和承诺程度。

综上可知，中国人的个性和特点深受传统文化价值观念的影响，传统性也是最能准确描述中国人性格特征以及行为规范的价值观的概念之一。个体的传统性越高，其越遵守社会的传统价值观，越关注规章制度和自身固定的责任、义务，注重和谐共处、中庸谦让，为了维持和谐，越愿意完成他人期待的事情、避免冲突等。

2.3.2 员工传统性的测量

杨国枢、余安邦和叶明华（1989）开发了传统性量表，包括遵从权威、孝亲敬祖、安分守成、宿命自保、男性优越 5 个维度，共有 15 个题项。其中，遵从权威是指对于权威的认可，并遵守相应“规则”，例如遵纪守法，听从企业领导和长辈的指导等；孝亲敬祖是指对家庭长辈的尊敬和孝顺；安分守成是中庸文化的体现，指的是安分守己，没有越界越级的行为；宿命自保是个体对命运的迷信和服从，面对风险时态度趋于保守；男性优越是指重男轻女，认同男性处于主要地位。个体对这 5 个方面认同的高低程度代表一个人的传统性程度，综合衡量了个体传统性特征。皮鲁特拉、樊景立和李等学者（Pillutla、Farh 和 Lee 等，2007）以香港地区员工为研究对象，保留了 11 个题项进行传统性测量。另外，樊景立、厄利和林（Farh、Earley 和 Lin，1997）的单维度量表得到较多引用，共有 5 个题项，本书拟采用该研究量表，示例题目为“父母所尊敬的人，子女也应该尊敬”。

2.3.3 员工传统性的调节作用

因员工传统性属于中国文化情境下的本土概念，故国内学者对员工传统性的调节作用展开了较多研究，即便是发表在国外 SSCI 期刊的英文论文，作者也主要以华人学者为主，相比之下，由于文化差异，国外学者对员工传统性的调节作用研究则较少涉及。

目前，员工传统性的调节作用主要体现在 3 个方面：

（1）员工传统性对个体因素影响效果的调节作用

一般而言，员工传统性越高，意味着员工越重视积极的心理认知因素，喜欢按部就班地工作，不愿意承担风险。在正向调节作用方面：员工传统性越高，心理契约履行对组织公民行为（Li 和 Yu，2017）、敬业度对员工建言行为（冯镜铭、刘善仕和吴坤津，2018）、内部人身份认知对向上异议（赵红丹和江苇，2017）、犬儒主义对沉默行为（王永跃和叶佳佳、2015）、消极情绪和角色冲突对工作疏离感（余璇和陈维政，2016a；章璐璐和杨付，2015）、角色清晰对员工工作匹配（李晋、李晏墅和张春梅，2014）的正向影响越强。另有研究表明，传统性强化了工作疏离感对任务绩效和工作奉献（孙秀明和孙遇春，2015）、心理契约履行对员工离职（刘军、刘小禹和任兵，2007）的负向影响。

在负向调节作用方面：员工传统性越高，心理授权对员工创造力（于伟和张鹏，2016）、角色清晰对组织匹配感（李晋、李晏墅和张春梅，2014）、心理所有权对进谏行为（周浩和龙立荣，2012）的正向影响越弱。另有研究表明，传统性削弱了强制性公民行为对周边绩效（彭正龙和赵红丹，2011）、心理契约违背对工作满意度、组织承诺和工作绩效（汪林和储小平，2008）的负向影响。

（2）员工传统性对领导因素影响效果的调节作用

一些学者的研究表明，高传统性员工的工作态度和工作行为是由其特定的社会角色限定的责任和义务决定的，领导方式的不同并不会对高传统性员工的工作态度、行为和结果产生较大的差异。持有该观点的研究表明，员工传统性较低时，领导行为才会对员工的工作态度、行为和结果产生影响；员工传统性较高时，领导行为并不会对员工个体产生显著影响，即员工传统性起到负向调节作用。例如，员工传统性越低，教练型领导对内部人身份感知（Zhao 和 Liu，2020）、主管不文明行为对员工沉默行为（Liu、Chen 和 Huang，2018）、相对领导成员交换对情感承诺（Zhao，2014）、包容型领导对员工建设性越轨行为（王艳子和田雅楠，2019）和主人翁行为（彭伟、李慧和朱晴雯等，2017）、工会变革型领导对工会公民行为（单红梅、胡恩华和张梦琦等，2017）、伦理型领导对领导信任（张永军，2017）和员工知识共享（杨霞和李雯，2017）、领导建言期望对员工促进性建言（张若勇、刘光建和徐东亮等，2016）、授权领导对隐性知识共享（张亚军、张金隆和张千帆等，2015）、仁慈领导对员工创新行为（王双龙，2015）、领导成员交换对员工内部人身份感知（汪林、储小平和倪婧，2009）的正向影响越强。另有研究表明，员工传统性削弱了领导成员交换对员工反生产行为（彭正龙、梁东和赵红丹，2011）的负向影响。

持有以上观点的研究认为，员工较高的传统性对负面或消极领导行为的"忍耐力"较高，可以削弱负面或消极领导行为对个体态度、行为和结果的破坏性影响。例如，传统性削弱了差异化授权型领导对主管信任（Li、Huo和Long，2017），辱虐管理对员工报复认知、工作偏离行为（Liu、Kwan和Wu等，2010）、员工创造力（李晋、秦伟平和周路路，2015）、员工绩效（于维娜、樊耘和张捷等，2015）、主管信任（吴隆增、刘军和刘刚，2009），领导排斥对员工建言（李澄锋和田也壮，2017），上级无礼行为对组织支持感（刘嫦娥、黄杰和谢玮等，2019）的负向影响。

另外，员工传统性也可以起到正向调节作用。持有该观点的学者认为，高传统性员工非常重视领导的行为表现，并根据领导的行为表现出相应的工作态度、行为和结果。例如，员工传统性越高，导师支持对徒弟创造力（Hu、Baranik和Cheng等，2019）、真实型领导对互动公平感知（Li、Yu和Jane等，2014）、伦理型领导对员工任务绩效和组织公民行为（Liu、Kwan和Fu等，2013）、变革型领导对领导效能（Spreitzer、Perttula和Xi，2005）和心理资本（仲理峰、王震和李梅等，2013）、领导成员交换对组织公民行为（Hui、Lee和Rousseau，2004）、任务绩效和心理健康（任真、王登峰和陆峥，2017）、辱虐管理对人格解体（王海珍，2020）、家庭支持型领导对员工类亲情交换关系（王三银、刘洪和刘润刚，2018）、情感型领导对员工创造力（石冠峰、陈冬梅和买生等，2018）、双元领导对团队创新绩效（罗瑾琏、管建世和钟竞等，2017）、威权领导对亲组织非伦理行为（张永军、张鹏程和赵君，2017）的正向影响越强。另有研究表明，员工传统性越高，导师指导对徒弟工作压力（Qian、Lin 和 Han 等，2014）、领导成员交换对员工工作倦怠（任真、王登峰和陆峥，2017）、威权领导对员工创新行为（王双龙，2015）、主管忠诚对任务冲突（谢俊、储小平和黄嘉欣，2011）的负向影响越强。

（3）员工传统性对工作环境因素影响效果的调节作用

同前文的研究结果一致，员工传统性也表现出正向和负向两种差异化的调节作用。员工传统性起到正向调节作用的研究观点认为，高传统性员工对工作环境因素比较敏感，员工较高的传统性会强化工作环境因素与员工工作态度、行为和结果之间的作用关系。例如，员工传统性越高，职场负面“八卦”行为对员工情绪耗竭（Wu、Kwan 和 Wu 等，2018）、内部劳动力市场感知对情感承诺（Juma 和 Lee，2012）、分配公平与健康（Xie、Schaubroeck 和 Lam，2008）的正向影响越强。另有研究表明，员工传统性强化了工作不安全感对员工幸福感和组织公民行为（Wang、Lu 和 Lu，2014）、组织公平对员工沉默行为（张瑞明，2017；李锡元、梁果和付珍，2014）、整体公平感对工作疏离感和工作偏离行为（余璇和陈维政，2016b）、互动公平感对心理压力（刘安妮和周浩，2015）的负向影响。

员工传统性起到负向调节作用的研究观点认为，高传统性员工遵从自己的角色设定，不受外界工作环境因素影响。因此，员工传统性越高，工作环境因素与员工工作态度、行为和结果之间的作用关系越弱；而员工传统性越低，工作环境因素与员工工作态度、行为和结果之间的作用关系越强。例如，员工传统性越低，工作要求对工作绩效（Lu、Du 和 Xu 等，2017）、工作控制对健康（Xie、Schaubroeck 和 Lam，2008）、组织支持感对员工利他行为（Farh、Hackett 和 Liang，2007）、组织公平对组织公民行为（Farh、Earley 和 Lin，1997）、雇佣关系模式对职业成长（王国猛、李丽和赵曙明，2019）和组织自尊（包玲玲和王韬，2011）、互动公平对工作幸福感（张征和古银华，2017）、组织政治知觉对员工反生产工作行为（万希、李恩和李论基，2016）、顾客性骚扰对员工情绪守则难度（刘小禹、刘军和关浩光，2012）、组织不公正感对工作偏离行为（王宇清、龙立荣和周浩，2012）、部门内工资/福利比较对工资/福利满意度（贺伟和龙立荣，2011）的正向影响越强。

综上可知，自从樊景立、厄利和林（Farh、Earley 和 Lin，1997）最早将传统性引入组织行为研究领域，越来越多的国内外华人学者基于中国员工的调查研究将员工传统性作为重要的调节变量进行分析。在学者们各自的理论支撑和逻辑推理下，员工传统性也表现出正向和负向两种差异化的调节作用。员工传统性是中国文化情境的本土构念，在引入西方管理理论探究中国情境下员工工作行为时，有必要将员工传统性作为体现中国独特文化差异的重要情境变量进行分析，从而使研究结论更契合中国文化情境。

员工传统性的调节作用模型如图 2.3 所示。调节变量的箭头指向之所以采用虚线表示，是因为调节变量在不同研究模型中的调节位置存在差异。

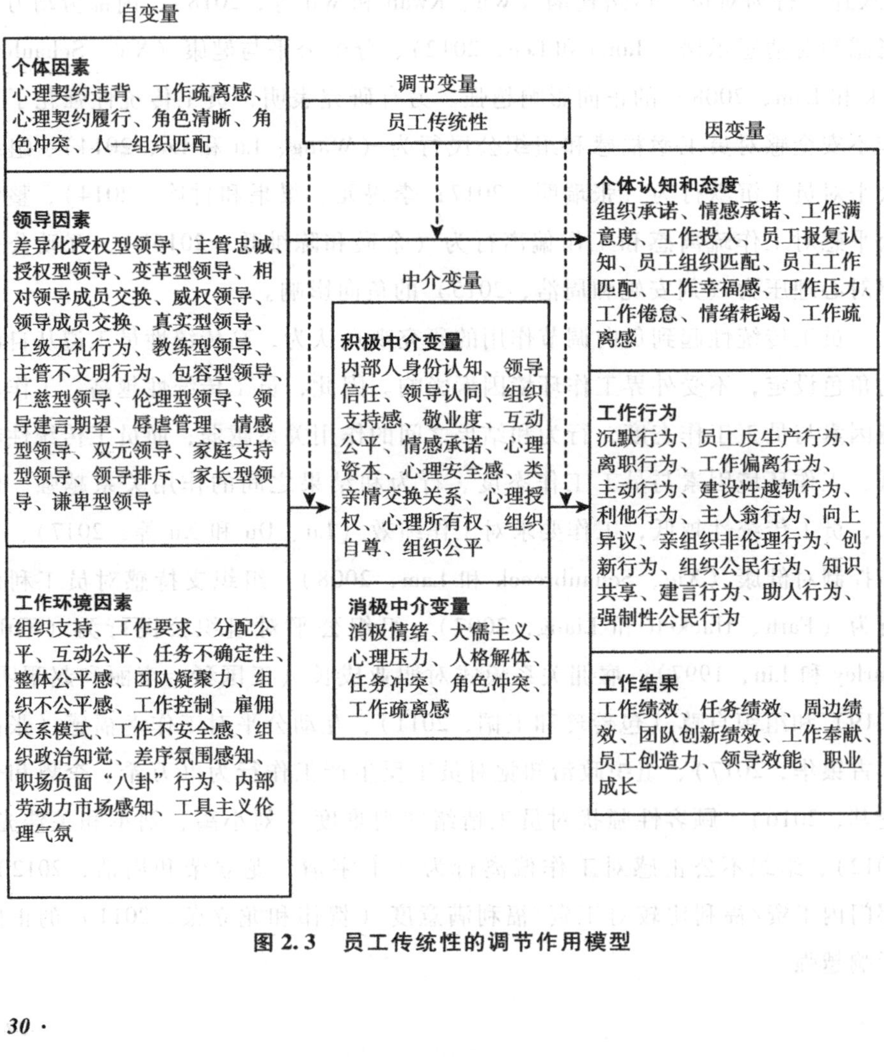

图 2.3 员工传统性的调节作用模型

2.4　员工建设性越轨行为的相关研究

2.4.1　员工建设性越轨行为的内涵

员工越轨行为最初专指危害组织及成员利益的破坏性行为，例如，不按时上下班、缺勤、怠工、破坏公共财物等（李红和刘洪，2014）。该类行为是组织不期望发生的，但又是在企业中普遍存在的员工消极工作行为，故而员工越轨行为引起了学界和实业界的重视（Kura、Shamsudin 和 Chauhan，2016）。随着学界对员工越轨行为研究的深入，研究者发现并非所有的员工越轨行为都是破坏性的，学者们将能够促进组织变革和创新的越轨行为界定为建设性越轨行为（Warren，2003），也称为积极越轨行为（Spreitzer 和 Sonenshein，2004）。

学者们对员工建设性越轨行为的概念内涵进行了较多的阐释，主要包括两类观点。一些学者认为员工建设性越轨行为是一个独立性的构念，是指员工为了促进组织发展主动打破组织规则和制度的工作行为（Galperin，2002；Spreitzer 和 Sonenshein，2004）。另一些学者认为员工建设性越轨行为是一个涵盖性的构念，建言行为、创新行为、组织公民行为等亲组织的积极工作行为均属于员工建设性越轨行为的范畴（Warren，2003）。

本书认为涵盖性的概念界定由于涉及较多的研究变量，尽管有助于形象化地理解员工建设性越轨行为的具体表现，但由于涵盖性特征导致概念界定比较模糊，不能厘清相关变量之间的概念边界，因此本书将其作为一个独立性的构念进行分析。相较于破坏性的越轨行为，员工建设性越轨行为违背的是不合时宜的组织规则和制度，该行为符合伦理道德标准和超规范，并且能够增进组织以及成员的福祉，是一种自愿性的员工积极工作行为。

2.4.2　员工建设性越轨行为的测量

员工建设性越轨行为的研究量表开发仍处于起步阶段，加尔珀兰（Galperin，2002）在其博士论文中较早开发了员工建设性越轨行为的测量量表，包括创新型、挑战型和人际型3种类型，共16个题项。加尔珀兰（Galperin，2012）随后对该量表进行了精炼和完善，修正为2个维度的研究量表，包括组织导向的建设性越轨行为（5个题项）和人际导向的建设性越轨行为（4个题项），共9个题项。目前，加尔珀兰（Galperin，2012）开发的测量量表是在后续研究中被学者们广泛使用的员工建设性越轨行为测量量表，这也是本书拟采用的研究量表。

然而，也有学者认为加尔珀兰（Galperin，2002，2012）开发的测量量表侧重于对组织正式规范的违背，并不适用测量违背组织非正式规范的行为（王弘钰和崔智淞，2018）。组织非正式规范是员工在工作中自发形成的、共同遵循的行为准则，尽管没有被明文规定，但对重视“潜规则”的中国员工在群体中的行为表现具有重要的约束作用（王弘钰和崔智淞，2018）。西方社会受到契约文化的影响，企业主要依赖成文的组织规范约束员工行为，在中国情境下，组织非正式规范也是约束员工行为的重要形式（赵振，2016）。基于此逻辑，王弘钰和崔智淞（2018）开发了适用于中国组织情境的员工建设性越轨行为量表，包括违反正式规范（4个题项）和非正式规范（3个题项）两个维度，但是该量表目前并未在实证研究中被学者们广泛采用。

员工建设性越轨行为的概念最初由西方学者提出，中国“三纲五常”的儒家文化强调对规则和制度的遵从，领导的权威和地位不容挑战，上下级之间的权力距离普遍较高，而且中国强调“中庸”的和谐文化，员工的集体主义价值观和不确定性规避倾向较高，长期受到中国传统文化的熏陶，员工建设性越轨行为的内涵和结构可能具有一定的独特性，因此本土量表开发仍然值得继续探索。

2.4.3 员工建设性越轨行为的影响因素

目前，员工建设性越轨行为的影响因素研究主要包括个体、领导、组织3个层面，具体研究内容包括：

（1）个体层面

已有研究表明道德认同（Cohen 和 Ehrlich，2019），集体主义价值观和组织承诺（Tenzer 和 Yang，2019a），成就导向（Tenzer 和 Yang，2019b），风险承担倾向（Kim 和 Choi，2018；Yildiz，Erat 和 Alpkan 等，2015b），组织认同（Dahling 和 Gutworth，2017），理想主义、参与决策制定、公正感知、个人—组织匹配（Yildiz、Alpkan 和 Ates 等，2015），网络能力、自尊、外向型人格（Vadera、Pratt 和 Mishra，2013），权术主义、角色宽度自我效能感、社会政治支持、信息和资源的可获得性（Galperin，2012），心理所有权（Chung 和 Moon，2011），情绪智力（Robbins 和 Galperin，2010），大五人格[①]（Bodankin 和 Tziner，2009），工作迷恋（Galperin 和 Burke，2006），调节焦点（王艳子和朱湘玲，2021），建设性变革责任感（崔智淞和王弘钰，2019）等是员工实施建设性越轨行为的重要因素。

（2）领导层面

目前为数不多的研究表明辱虐管理（Pan、Sun 和 Sun 等，2018）、领导成员交换（Tziner、Fein 和 Sharoni 等，2010）、自我牺牲型领导（王艳子和王聪荣，2020）、包容型领导（王艳子和田雅楠，2019）、差序式领导（赵金金，2019）、谦卑型领导（王艳子和张莉，2018）可以更好地促使员工做出建设性越轨行为。

（3）组织层面

现有研究主要从理论层面进行分析，认为组织支持（Tenzer 和 Yang，2019b）、组织公平（Cohen 和 Ehrlich，2019；Chung 和 Kim，2013）、组织氛围（Narayanan 和 Murphy，2017）、组织信任（Kura、Shamsudin 和 Chauhan，2016）、组织文化（Mertens、Recker 和 Kummer 等，2016）、组织资源（Galperin，2012）等能够使员工获得较高的心理安全感，进而提升员工建设性越轨行为潜在成功的可能性。

在中介作用机制方面，心理契约违背、组织创新气氛（Cohen 和 Ehrlich，2019），工作不满意程度（Pan、Sun 和 Sun 等，2018），网络构建（Yildiz、Erat 和 Alpkan 等，2015b），内在动机、心理授权（Vadera、Pratt 和 Mishra，2013），心理所有权（王艳子和田雅楠，2019），领导成员交换（王艳子和张莉，2018）等起到中介作用。

---

① “大五人格”理论下的人格类型包括开放性、责任心、外倾性、宜人性、神经质性五个特质。

在调节作用机制方面，问题聚焦处理（Pan、Sun 和 Sun 等，2018），规范性冲突（Dahling 和 Gutworth，2017），集体主义导向（Narayanan 和 Murphy，2017），组织认同（Li 和 Chen，2015），组织支持感知（Yildiz、Erat 和 Alpkan，2015b），不确定性规避（王艳子和王聪荣，2020），组织地位感知（王艳子和赵秀秀，2020），上下级关系、心理安全感（崔智淞和王弘钰，2019），员工传统性（王艳子和田雅楠，2019），团队动机氛围（赵金金，2019），内部人身份认知（王艳子和张莉，2018）等是激发员工实施建设性越轨行为的重要边界条件。

综上可知，现有研究仍然存在如下不足：第一，研究主要聚焦于个体层面的影响因素，领导层面的影响因素研究正处于起步阶段，组织层面的影响因素研究则是以理论分析为主，因此员工建设性越轨行为的影响因素研究仍然比较匮乏，还有许多新的影响因素有待探索。第二，现有研究仅局限于单一层面的影响因素，个体嵌套于组织情境之中，员工建设性越轨行为的产生既有内在“性格使然”（个体特征）的成分，也会受到外在的领导和组织等工作环境因素的影响（孙建群、田晓明和李锐，2016）。由于员工建设性越轨行为是一种典型的风险行为，员工个体、领导和组织层面的相关因素均会影响员工对建设性越轨行为的风险知觉状况，故而有必要分析多个层面因素的交互作用影响，避免单一层面影响因素研究未考虑到个体嵌套于组织情境的局限性。第三，相较于其他研究，中介变量和调节变量的探究仍然比较欠缺，目前学者们更多地关注了影响因素，未来可以通过中介变量和调节变量的挖掘丰富相关作用机理。

2.4.4 员工建设性越轨行为的影响效果

员工建设性越轨行为的影响效果研究相对匮乏，主要以理论分析为主，聚焦在个体和组织两个层面。按照概念界定，员工建设性越轨行为会给个体和组织带来诸多益处，有利于提升员工主观幸福感和创新绩效，推动组织变革的实施和改善组织绩效（Fazel－e－Hasan、Mortimer 和 Lings，2019；Mertens、Recker 和 Kummer 等，2016；Dahling、Chau 和 Mayer 等，2012；Spreitzer 和 Sonenshein，2004）。事实上，员工建设性越轨行为也会给个体和组织带来负面效应。一方面，员工过多的建设性越轨行为可能导致员工自身公众形象受损，造成领导和同事的负面认知，导致组织制裁、较低的绩效评价或较差的工作分配；另一方面，也可能对组织有效运转产生威胁，降低组织绩效（Morrison，2006）。可见，员工建设性越轨行为的影响结果具有较高的不确定性，该行为本身存在一定的风险，研究者急需厘清促使员工建设性越轨行为发挥有效作用的边界条件和适用范围。

综上所述，适宜的员工建设性越轨行为对个体和组织都存在积极影响，一旦该行为的频率和程度超出组织及其成员所能接受的范围，员工建设性越轨行为则可能带来消极后果（孙建群、田晓明和李锐，2016）。目前，员工建设性越轨行为对个体和组织的复杂影响效应及其边界条件的研究仍然比较匮乏，主要以理论分析为主，涉及的结果变量也不够全面，相关研究尚处于起步阶段，本书拟探讨员工建设性越轨行为对个体产生的负面影响，以及如何采取有效措施规避该负面影响，从而使员工建设性越轨行为在促进组织发展的同时尽可能避免自身利益受损。

员工建设性越轨行为的影响因素及效果的作用模型如图 2.4 所示。调节变量的箭头指向之所以采用虚线表示，是因为调节变量在不同研究模型中的调节位置存在差异。

2.5　员工政治技能的相关研究

2.5.1　员工政治技能的内涵

学者们在 20 世纪 80 年代就提出了员工政治技能的概念，并意识到员工政治技能对个体在组织环境中获得成功的重要性。然而，早期学者们对其概念内涵的界定缺乏深入探讨，也并未开发出可供后续研究采用的测量量表，这也直接影响制约了学者们对员工政治技能开展相关的实证研究（吴论文和杨付，2019）。费里斯、特雷德韦和科洛丁斯基等学者（Ferris、Treadway 和 Kolodinsky 等，2005）较早地明确提出了员工政治技能的概念界定，并开发了 4 个维度的测量量表，员工政治技能的相关实证研究才呈现蓬勃发展趋势。

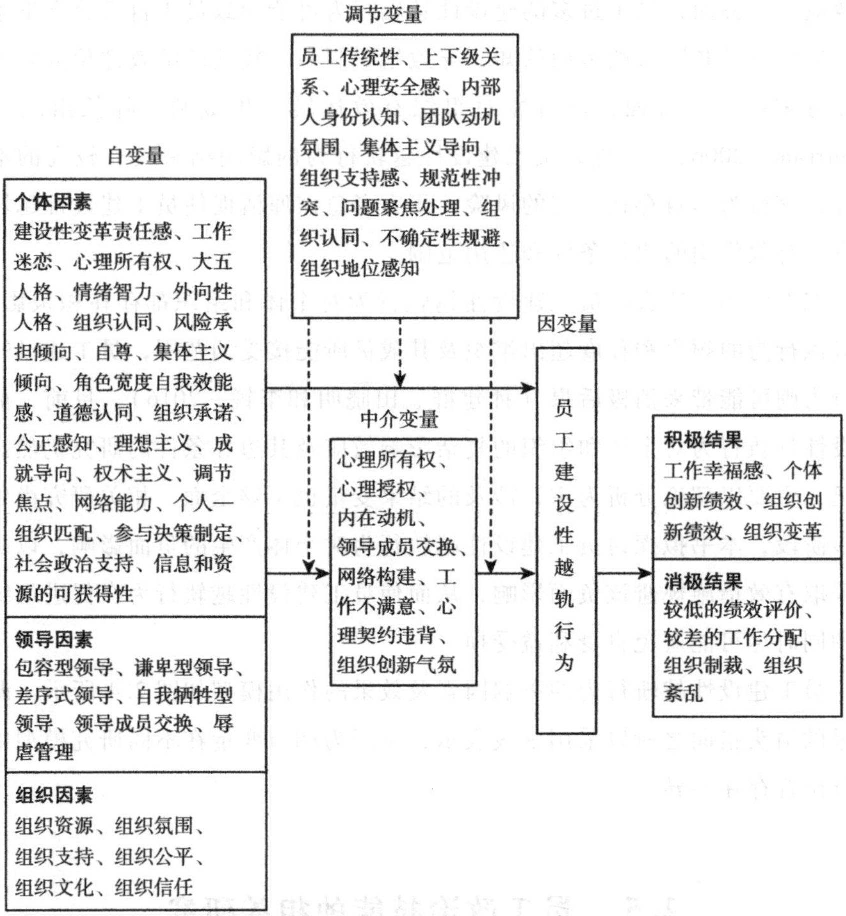

图 2.4 员工建设性越轨行为的影响因素及效果的作用模型

他们将员工政治技能定义为个体有效理解他人并通过人际策略影响他人从而达成目标的能力。虽然学者们之后也对员工政治技能的概念进行了界定，但本质上与费里斯、特雷德韦和科洛丁斯基等学者（Ferris、Treadway 和 Kolodinsky 等，2005）的概念表述类似。例如，王洪青和张文勤（2012）认为政治技能是一种重要的人际交往能力，对个体在一定环境中实现目标具有重要作用。

综上可知，员工政治技能是一个中性偏褒义的概念，高政治技能的员工善于迅速识别和理解同事微妙的、隐蔽的意图和需求，并战略性地调整自身行为以影响工作环境，从而实现目标（Zettler 和 Lang，2015）。

2.5.2 员工政治技能的测量

费里斯、伯克森和卡普兰等学者（Ferris、Berkson 和 Kaplan 等，1999）最早开发了员工政治技能的单维度量表，共包括 6 个题项。该量表在后续诸多实证研究中也得到了验证。例如，阿何恩、费里斯和霍奇瓦特等学者（Ahearn、Ferris 和 Hochwarter 等，2004）在关于领导政治技能与团队绩效的关系研究中便采用了该量表，示例题目为："我很善于让大家积极响应我""我尽力去寻找与别人的共同点"，这也是本书拟采用的研究量表。因该量表是单维度量表，在实际使用中较为方便，故在国内外学者将员工政治技能作为调节变量的相关实证研究中被广泛采用。

费里斯、特雷德韦和科洛丁斯基等学者（Ferris、Treadway 和 Kolodinsky 等，2005）将员工政治技能划分为社交机敏性、网络能力、外显真诚、人际影响 4 个维度，并开发出包含 18 个题项的测量量表。社交机敏性代表着对环境特征的积极认知，使得个体灵活调整自身行为以适应环境变化；网络能力有助于获得更多重要的资源和信息；人际影响是政治技能中以行动为导向的维度；外显真诚能够建立良好的印象和信任关系（Mcallister、Ellen 和 Ferris，2016）。后续学者关于员工政治技能量表的开发均是基于费里斯、特雷德韦和科洛丁斯基等学者（Ferris、Treadway 和 Kolodinsky 等，2005）开发的量表，国内学者则基于中国文化情境开发了针对性较强的员工政治技能量表。柳恒超、金盛华和赵开强（2008）探讨了中国情境下员工政治技能的结构，开发出 22 个题项的量表，分为人际敏锐、表现真诚、处事圆通、关系经营、面子和谐 5 个维度。此外，林忠和孙灵希（2012）开发出 19 个题项的员工政治技能量表，分为和谐人际、形势机敏性、面子经营、能力型社交和权术运用 5 个维度。需要指出的是，国内学者开发的员工政治技能量表并未在其他学者的研究中得到广泛使用，量表的可靠性和推广性仍需进一步验证，费里斯、特雷德韦和科洛丁斯基等学者（Ferris、Treadway 和 Kolodinsky 等，2005）开发的量表仍然是国内外研究中学者们广泛采用的研究量表，尤其是员工政治技能作为前因变量的研究。

2.5.3 员工政治技能的影响因素

员工政治技能的影响因素研究较少。厄尔德、布利克勒和萨默斯（Oerder、Blickle 和 Summers，2014）的研究发现，组织职位与员工政治技能之间呈现正向关系，年龄在其中起到正向调节作用。乔杜里、阿什拉夫和贾弗里（Chaudhry、Ashraf 和 Jaffri，2012）发现，主动性人格会对员工政治技能产生积极影响。刘、费里斯和津科等学者（Liu、Ferris 和 Zinko 等，2007）的研究表明，外向性和主动性人格是预测员工政治技能的重要人格特征。费里斯、特雷德韦和佩勒夫等学者（Ferris、Treadway 和 Perrewé 等，2007）根据人格系统模型，认为洞察力、控制、亲和力、主动影响、发展经验 5 个方面的因素会对员工政治技能产生影响。罗瑾琏、蒋震艳和徐振亭（2015）的研究表明，学习行为会影响个体的政治技能。刘军、吴隆增和许俊（2010）以新入职员工为调研对象，发现自我监控、内控人格、外向性格、主管政治教导显著影响员工政治技能，但员工主动性对提升员工政治技能不产生影响。

2.5.4 员工政治技能的影响效果

本书研究涉及员工政治技能对职场友谊的影响效果，即员工政治技能在本书研究中扮演“前因变量”的角色，因此本部分重点综述员工政治技能的影响效果。研究表明，政治技能能够增加员工的工作投入（Kim、Karatepe 和 Chung，2019）、组织承诺（Thompson、Buch 和 Kuvaas，2017）、工作满意度（Banister 和 Meriac，2015）；提高员工的社会生活质量（Wang 和 Hall，2019）、工作绩效（Templer，2018）、领导成员交换质量（Epitropaki、Kapoutsis 和 Ellen Ⅲ 等，2016）、谈判结果（Solga、Betz 和 Düsenberg 等，2015）、晋升机会（唐乐、杨付和杨伟国，2019a）；激发员工的人际公民行为（Mahajan 和 Toh，2017）、创新行为（唐乐、杨伟国和杨付，2015）、建言行为（王永跃和段锦云，2015）、知识共享行为（张生太和梁娟，2012）；促进员工的工作繁荣（Cullen、Gerbasi 和 Chrobot－Mason，2018）、职业成功（Lu 和 Guy，2018；韩翼和杨百寅，2012）、职业发展（Wei、Liu 和 Chen 等，2010；唐乐、杨付和杨伟国，2019b）。另外，政治技能也有助于减轻员工的工作压力和角色压力（Summers、Munyon 和 Brouer 等，2020）、缓解工作紧张（Kim、Karatepe 和 Chung，2019）、减少职场侵犯行为（Zhou、Yang 和 Spector，2015）、缓解员工的角色冲突（Jawahar、Stone 和 Kisamore，2007）和工作家庭冲突（唐乐、杨付和杨伟国，2019b）。

学者们也探讨了员工政治技能有效发挥影响效果的中介机制。例如，领导—成员交换关系在政治技能与职场排斥之间发挥中介作用（薛亦伦、张骁和丁雪等，2016）；上下级关系在政治技能与工作家庭冲突之间起到中介作用（唐乐、杨付和杨伟国，2019b）；个人声望和权力在政治技能与职业成功之间发挥中介作用（Blickle、Schneider 和 Liu 等，2011；刘军、吴隆增和许浚，2010）；创新工作卷入（Grosser、Obstfeld 和 Choi 等，2018）、资源获取和关系构建（Li、Sun 和 Cheng，2017）、网络资源（Wei、Chiang 和 Wu，2012）、个人声望（Liu、Ferris 和 Zinko 等，2007）、政治自我效能（赵晨和高中华，2017）在政治技能与工作绩效之间发挥中介作用；心理授权（于静静和蒋守芬，2018）、创新自我效能感（唐乐、杨伟国和杨付，2015）在政治技能与员工创新行为之间起到中介作用；印象管理动机（Xue、Song 和 Tang，2015）、组织地位感知（尹奎、刘永仁和李元勋，2013）在政治技能与建言行为之间发挥中介作用；组织信任在政治技能与知识共享之间起到中介作用（张生太和梁娟，2012）。

此外，也有学者探究了员工政治技能发挥有效作用的情境条件。例如，组织政治气氛调节了员工政治技能与印象管理动机之间的关系（Xue、Song 和 Tang，2015）；组织政治知觉调节了政治技能对工作绩效的正向作用（Kapoutsis、Papalexandris 和 Nikolopoulos 等，2011）；工作要求（Blickle、Kramer 和 Zettler 等，2009）、组织公平（Andrews、Kacmar 和 Harris，2009）调节了员工政治技能与工作绩效之间的关系；上下级关系和过往的工作绩效在政治技能与建言效能感之间起到调节作用（王永跃和段锦云，2015）。

员工政治技能的影响效果模型如图 2.5 所示。调节变量的箭头指向之所以采用虚线表示，是因为调节变量在不同研究模型中的调节位置存在差异。

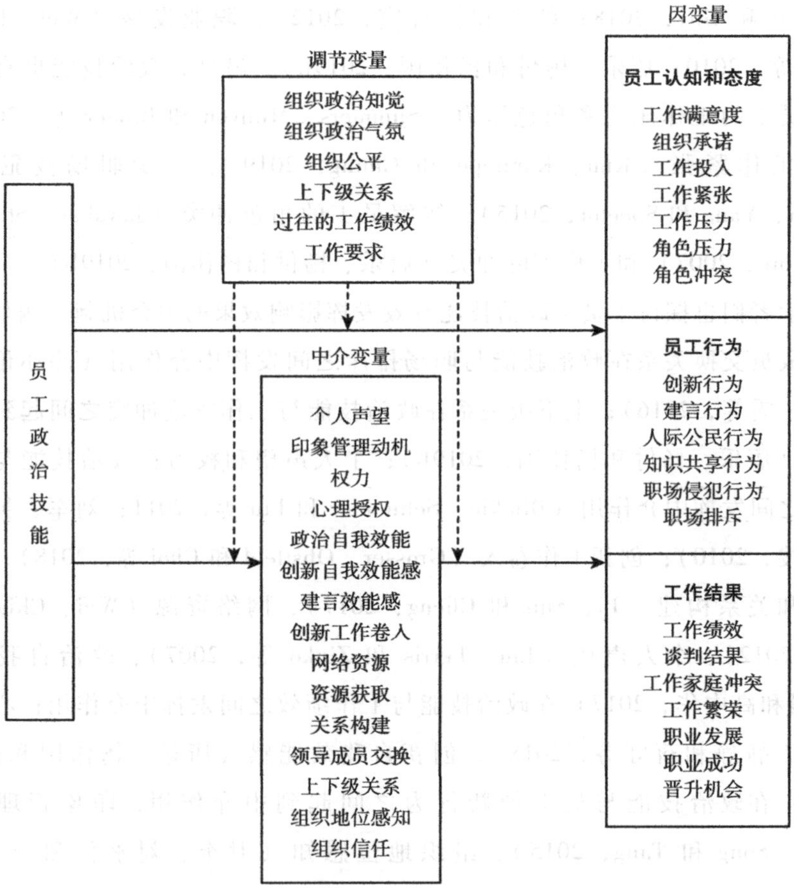

图 2.5　员工政治技能的影响效果模型

2.5.5　员工政治技能的调节作用

根据员工政治技能在本研究模型中所发挥的作用，本部分重点从以下 3 个方面综述员工政治技能的调节作用。

（1）员工政治技能对个体因素的调节作用

员工较高的政治技能能够起到积极影响作用，不仅可以强化个体因素的积极作用，同时可以弱化其消极作用。

①在认知和态度方面：员工政治技能强化了情感承诺、规范承诺与生活满意度（Hayek、Randolph - Seng 和 Williams 等，2017），精神变态型人格、

自恋型人格、权术主义与组织政治感知（Baloch、Meng 和 Xu 等，2017），下属主管匹配与领导成员交换（张征，2016）之间的正向关系。员工政治技能还可以削弱角色压力与工作紧张（Kim、Karatepe 和 Chung，2019），角色冲突与情绪耗竭（Jawahar、Stone 和 Kisamore，2007），角色过载与工作紧张、焦虑（Perrewe、Zellars 和 Rossi 等，2005），沟通中心性与角色过载、角色模糊（Cullen、Gerbasi 和 Chrobot - Mason，2018），向上逢迎行为与员工情绪耗竭（陈岩和唐贵瑶，2015）之间的正向关系。另外，员工政治技能也削弱了政治决策制定（Gallagher 和 Laird，2008）、角色过载（Perrewe、Zellars 和 Rossi 等，2005）与工作满意度之间的负向关系。

②在工作行为方面：员工政治技能强化了核心自我评价（Zhang、Song 和 Wang 等，2018）、主动性氛围与员工主动行为（Wihler、Blickle 和 Ellen Ⅲ等，2017），主动性人格与助人行为、学习行为（Sun 和 van Emmerik，2015）之间的正向关系。另外，员工政治技能削弱了下属评定的逢迎行为与上级评定的逢迎行为（Wu、Kwan 和 Wei 等，2013；Treadway、Ferris 和 Duke 等，2007）之间的正向关系，以及工作不满意与助人行为之间负向关系（De Clercq、Haq 和 Azeem 等，2019）。

③在工作绩效方面：员工政治技能强化了主动性人格（Sun 和 van Emmerik，2015）、建言行为（Hung、Yeh 和 Shih，2012）、印象管理（Harris、Kacmar 和 Zivnuska 等，2007）与主管评定的任务绩效，网络资源获取（Wei、Chiang 和 Wu，2012）、宜人性、责任心（Blickle、Meurs 和 Zettler 等，2008）与工作绩效，外向性人格、经验开放性与销售绩效（Blickle、Wendel 和 Ferris，2010）之间的正向关系。另外，员工政治技能削弱了工作紧张（Hochwarter、Ferris 和 Gavin 等，2007）与工作绩效之间的负向关系。

④在职业生涯管理方面：员工政治技能强化了职业规划与工作搜寻网络（Chiesa、van der Heijden 和 Mazzetti 等，2019），外显成就导向与职场声望（Dietl、Meurs 和 Blickle，2017），逢迎与晋升（Sibunruang、Capezio 和 Restubog，2014），网络资源获取与职业发展（Wei、Chiang 和 Wu，2012），谦虚（Blickle、Diekmann 和 Schneider 等，2012）、心理授权（李燕萍和涂乙冬，2011）、印象管理（冯明和李聪，2010）与职业成功之间的正向关系。此外，员工政治技能强化了政治意愿在政治谨慎与政治目标获取之间的调节

作用（Kapoutsis，2016）。

(2) 员工政治技能对领导因素的调节作用

员工较高的政治技能强化了非正式领导地位与工作绩效（Shaughnessy、Treadway 和 Breland 等，2017），领导成员交换与领导对下属组织公民行为的归因动机（Badawy、Shaughnessy 和 Brouer 等，2016）、工作满意度（Harris、Harris 和 Brouer，2009）、心理授权和职业成功（李燕萍和涂乙冬，2011），导师指导与个人—工作匹配感知（蔡地、刘佳和王海悦，2019），下属—主管匹配与领导成员交换（张征，2016），职场外逢迎与上司喜欢（刘超、柯旭东和刘军等，2015）之间的正向关系。

另外，员工较高的政治技能削弱了消极影响效果。例如，员工较高的政治技能削弱了辱虐管理引发的员工情绪耗竭（Li、Qian 和 Han 等，2016），尤其是下属采取逢迎行为时，该作用效果更为显著（刘军、吴隆增和林雨，2009）；员工较高的政治技能有助于低绩效员工遭受较少的辱虐管理（刘超、刘军和朱丽等，2017）。

(3) 员工政治技能对工作环境因素的调节作用

员工政治技能强化了有利工作环境的积极影响，如较高的员工政治技能强化了关系型人力资源管理实践与工作绩效之间的正向关系（Yang，2014）。但是，学者们将更多的精力放在了探究员工政治技能削弱不良工作环境因素的消极影响方面，具体表现在以下两个方面：

①员工政治技能削弱了职场不文明行为与工作不满意（De Clercq、Haq 和 Azeem 等，2019），职场侵犯行为与愤怒（Zhou、Yang 和 Spector，2015），职场排斥与员工反生产行为（Zhao、Peng 和 Sheard，2013）、负面情绪（Wu、Yim 和 Kwan 等，2012），组织政治知觉与资源损耗（张亚军、张军伟和催利刚等，2018）之间的正向关系。

②员工政治技能也削弱了职场侵犯行为与工作满意度、职业承诺（Zhou、Yang 和 Spector，2015），职场欺凌与工作绩效（Treadway、Shaughnessy 和 Breland 等，2013），组织政治感知与助人行为（Kacmar、Andrews 和 Harris 等，2013），社会压力源与职业满意度、工作满意度（Harvey、Harris 和 Harris 等，2007），公民压力与工作投入、组织公民行为（田启涛和杨自伟，2019），强制性公民行为与组织认同（赵红丹，2014）之间的负向关系。

员工政治技能的调节作用模型如图 2.6 所示。调节变量的箭头指向之所以采用虚线表示，是因为调节变量在不同研究模型中的调节位置存在差异。

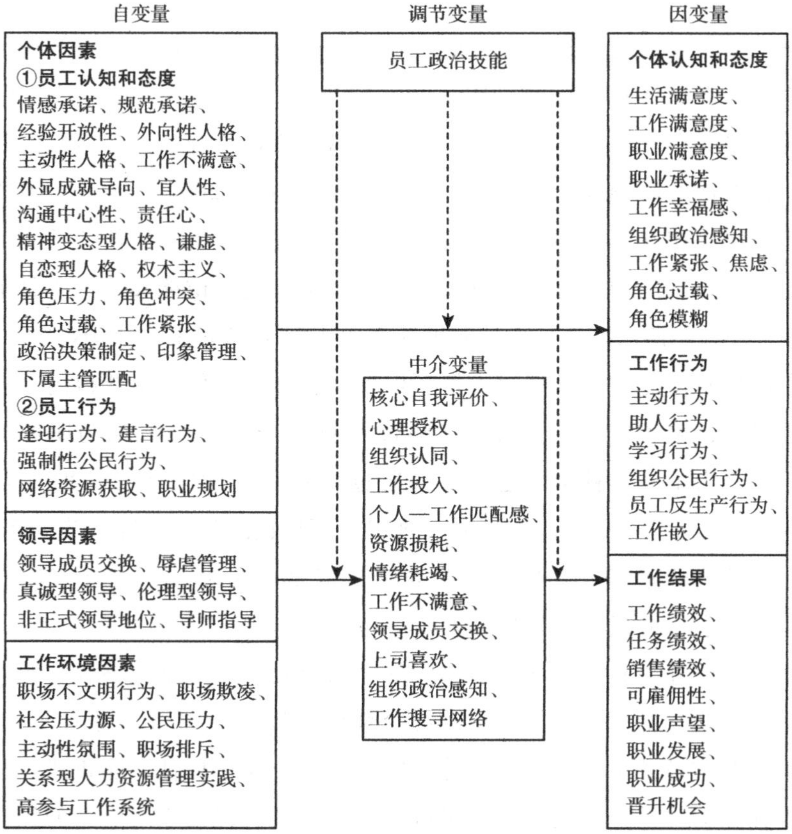

图 2.6　员工政治技能的调节作用模型

2.6　职场友谊的相关研究

2.6.1　职场友谊的内涵

职场友谊的概念最早可以追溯到哈克曼和劳勒（Hackman 和 Lawler, 1971）的研究。他们将职场友谊定义为员工在工作场所相互交流并建立非正式的人际关系。此后，学者们从不同角度拓展了职场友谊的内涵。

从职场友谊的特征方面进行界定，强调职场友谊的自愿性、非排他性等特征。例如，温斯泰德、德莱加和蒙哥马利等学者（Winstead、Derlega 和 Montgomery 等，1995）认为职场友谊是员工自由创造、发展和维持的与他人超越了正式规则的人际关系，体现了出于自愿的相互依赖和相互关注的程度；伯曼、韦斯特和里克特（Berman、West 和 Richter，2002）认为职场友谊是员工建立在互信、互爱、共同的利益和价值观基础上，自愿发展起来的一种非排他性的职场人际关系；莫里森（Morrison，2009）指出，职场友谊是工作场所中相互了解的两个人自愿形成的一种更亲密的伙伴关系。

从职场友谊的功能方面进行界定，强调了职场友谊能够给员工带来的直接利益。例如，西亚斯、希斯和佩里等学者（Sias、Heath 和 Perry 等，2004）指出，职场友谊能够提供情感支持、促进信息分享、使员工获得内在报酬甚至升迁机会；宋和奥尔什夫斯基（Song 和 Olshfski，2008）认为职场友谊是友谊参与者为了满足社会情感目标，通过相互之间的陪伴与帮助等方式形成的一种相互依赖关系；梅掩特、莱皮内和波德萨科夫等学者（Methot、Lepine 和 Podsakoff 等，2016）认为职场友谊是指两个人在建立友谊的同时还向对方寻求帮助以满足工作需要。

随着国内外学者对职场友谊内涵的深入研究，部分学者整合了职场友谊的特征和功能，给出了职场友谊的综合性概念界定。例如，刘凤香（2013）认为职场友谊是员工在工作场所建立的自愿性、非排他性、非正式性和个人性的人际互动关系，彼此信任、忠诚、依赖、帮助以便满足员工的社会感情需要。皮勒默和罗斯巴德（Pillemer 和 Rothbard，2018）将职场友谊界定为同事之间基于共同的规范和社会情感目标所形成的非浪漫的、自愿性的、非正式的人际关系。

综上可知，职场友谊意味着员工彼此间的互信、互爱、互助、分享，不仅满足了员工社会情感方面的归属需求，而且可以满足员工功利性的动机需求，具有情感性和工具性的混合性功能。

2.6.2 职场友谊的测量

学者们对职场友谊的构成进行了探索。最初，职场友谊的测量仅关注了

“友谊机会”。哈克曼和劳勒（Hackman 和 Lawler，1971）将“友谊机会”作为其编制的工作特征量表的一个维度，此时，“友谊机会”并未被当作一个独立的变量进行研究。随着研究的深入，温斯泰德、德莱加和蒙哥马利等学者（Winstead、Derlega 和 Montgomery 等，1995）提出了“友谊质量”的概念，职场友谊的测量强调了“友谊质量”的重要性。尼尔森、杰克斯和亚当斯（Nielsen、Jex 和 Adams，2000）整合了上述观点，将“友谊质量”进一步发展成“友谊强度”，开发了包含“友谊机会”和“友谊强度”的双维度量表，每个维度有 6 个题项。其中，“友谊机会”关注的是同事之间建立友谊的可能性，“友谊强度”关注的是同事之间友谊的质量，示例题目为“工作之外，我也与同事进行社交活动”“在工作中，我信赖同事”，该研究重点关注同事之间的友谊质量。

尼尔森、杰克斯和亚当斯（Nielsen、Jex 和 Adams，2000）的量表在国内外获得了较高的认可，迪克（Dickie，2009）基于对加拿大、中国、越南、哈萨克斯坦等国家的调研样本，证实了该量表具有较高的文化普适性。孙健敏和焦海涛（2012）也验证了该量表的合理性，但他们删除了影响量表结构的 3 个不合理题项。欧姆里斯（Omuris，2019）以酒店员工为研究对象，开发了 6 个维度共 65 个测量题目的职场友谊量表，这 6 个维度分别是信任、能力、他人支持、生活价值兴趣相似性、关注个人关系、社会文化相似性。

2.6.3 职场友谊的影响因素

本书研究涉及员工政治技能对职场友谊的直接影响效果，因此本部分重点对职场友谊的影响因素进行文献综述。目前，国外对职场友谊已经开展了一些研究，孙健敏和焦海涛（2012）在国内较早开展了相关研究，刘凤香（2013）和张晓舟（2014）先后对国外职场友谊的研究成果进行了文献综述。本书在职场友谊的影响因素和调节作用的文献综述部分，首先以刘凤香（2013）、张晓舟（2014）的综述文章作为基础，然后对 2012 年之后国内外新的研究成果进行综述。

张晓舟（2014）归纳总结了国外学者对职场友谊的影响因素研究，具体如下：

（1）个体因素

在人口统计学因素方面，年龄和工龄显著正向影响职场友谊；学历对职场友谊的影响不显著；男性通过关注能否给工作带来益处来建立职场友谊，女性建立职场友谊主要是为自己提供社会情感支持。职级对职场友谊的影响尚未达成统一的定论。一些学者认为，组织中处于较高层级的员工有着更高的地位和更大的权力，他们有接触到更多同事的机会，能够吸引到更多的人际资源，因此相比低层级的员工，他们更容易建立职场友谊；另外一些学者认为，组织层级较高的员工拥有较多的资源和权力，这使得他们不需要建立友谊也能有效完成工作任务，因此他们在工作中会较少建立职场友谊。

在人际相似性方面，员工之间因个性、认知、爱好、价值观等方面的人际相似而相互吸引，进而促进职场友谊的建立和发展。

（2）外部因素

在组织因素方面，正式的组织结构有助于员工建立职场友谊关系；企业将员工当作伙伴的组织文化对职场友谊的建立有明显的促进作用，而组织官僚主义减少了同事间的助人行为，在一定程度上抑制职场友谊的建立和发展。组织政治知觉对职场友谊的影响尚未获得一致的研究结论，一些学者认为较高的组织政治知觉减少了员工之间的人际互动，进而阻碍了职场友谊的建立和发展；另一些学者认为组织政治知觉较高时，员工会积极建立职场友谊，以便获得他人的支持和帮助。

在工作特征方面，任务互依性较高或采用团队工作形式时，同事之间会有更多的接触和了解，此时更容易建立职场友谊关系。另外，国家之间的文化差异也是职场友谊的重要影响因素。

除了张晓舟（2014）的综述文章所涉及的影响因素之外，国内外学者在 2012 年之后对职场友谊的影响因素开展了诸多有益的探索。研究表明，互动公平、领导成员交换（Chen、Mao 和 Hsieh 等，2013）、非正式互动行为（Dumas、Phillips 和 Rothbard，2013）、工作不安感（Mao，2013）、情绪智力（Ofoegbu 和 Akanbi，2013）、组织政治（Ofoegbu、Akanbi 和 Akhanolu，2012）、组织氛围（高婧、龙丹兰和绳鸿燕，2018）、同事信任（孙健敏、尹奎和李秀凤，2015）、政治技能（刘蒙、刘永仁和宋璐璐，2014）等因素均会对职场友谊产生影响。

2.6.4　职场友谊的调节作用

相较于其他组织行为学变量的学术研究，国内外关于职场友谊的相关研究较少，大多数集中在职场友谊的影响效果方面。本书涉及的是职场友谊的调节作用效果，因此本部分重点综述职场友谊的调节作用。

目前，国内外关于职场友谊调节作用的研究相对较少，主要是探究了职场友谊发挥的积极调节作用效果。刘、关和富等学者（Liu、Kwan 和 Fu 等，2013）基于社会学习理论探讨了职场友谊的调节作用效果，发现职场友谊强化了伦理型领导与任务绩效、组织公民行为之间的正向关系。常、周和利乌等学者（Chang、Chou 和 Liou 等，2016）研究发现，工作团队内部较高的职场友谊强化了健康型的完美主义追求与成员创新行为之间的正向关系，削弱了不健康的完美主义追求与成员情绪耗竭之间的正向关系。

拉伊和阿加瓦尔（Rai 和 Agarwal，2018a）的研究发现，职场友谊削弱了职场欺凌对离职意愿的正向影响以及对工作满意度和工作投入的负向影响。拉伊和阿加瓦尔（Rai 和 Agarwal，2018b）的研究发现，职场友谊削弱了心理契约违背对员工沉默行为的正向影响，而且削弱了心理契约违背在职场欺凌与员工沉默行为之间的中介作用。拉伊和阿加瓦尔（Rai 和 Agarwal，2019）的研究发现，职场友谊削弱了心理契约违背对员工 EVLN 行为（离职、建言、忠诚和漠视）的影响，而且削弱了心理契约违背在职场欺凌与员工 EVLN 行为之间的中介作用。李和达菲（Lee 和 Duffy，2019）的研究发现，当同事 A 与 B 是朋友关系时，基于彼此间的相互信任和理解，A 认为能从 B 那里获得情感性支持和工具性支持，因此，职场友谊削弱了 A 对 B 的嫉妒引发的 A 对 B 的破坏行为，强化了 A 对 B 的嫉妒引发的 A 对 B 的观察学习行为和建议咨询行为。许、刘和蔡尔（Hsu、Liu 和 Tsaur，2019）的研究发现，职场友谊削弱了职场欺凌对酒店员工工作幸福感的负向影响。

胡德、克鲁兹和巴赫拉（Hood、Cruz 和 Bachrach，2017）指出了职场友谊的负面调节作用效果，随着职场友谊的加深，同事之间的信息交换变得愈加频繁，彼此获取的信息会变得重复冗余，此时难以激发出创新性的意见和独特的视角，降低了员工的工作绩效。他们从资源保存理论视角探讨了职场友谊的调节作用影响，研究发现发生在团队成员之间是朋友关系的关系冲突对团队绩效产生负向影响，发生在团队成员之间是非朋友关系的关系冲突对团队绩效产生正向影响；发生在团队成员之间是非朋友关系的任务冲突对团队绩效产生正向影响，发生在团队成员之间是朋友关系的任务冲突对团队绩效并不产生显著影响。

国内学者关于职场友谊的调节作用研究涉及较少。付景涛和贺琦（2018）的研究发现，职场友谊不仅强化了心理安全感对员工敬业度的正向影响，而且强化了心理安全感在领导言行一致与员工敬业度之间的中介作用。王伟、于吉萍和张善良（2019）的研究发现，职场友谊强化了内部人身份感知对隐性知识分享的正向影响。姚柱和张显春（2020）的研究发现，职场友谊强化了职场嫉妒对内在动机的正向影响。

职场友谊的影响因素及调节作用模型如图 2.7 所示。调节变量的箭头指向之所以采用虚线表示，是因为调节变量在不同研究模型中的调节位置存在差异。

2.6.5 职场友谊的影响效果

(1) 职场友谊的积极影响效果

职场友谊的正面效应已经得到大多数学者的肯定。张晓舟（2014）综述了职场友谊对个体的积极影响效果，具体内容为：①职场友谊增进了员工彼此的沟通和信任，能够为员工提供情感性支持，提高了员工的工作幸福感、工作满意度，促进员工践行组织承诺和对工作有更多投入。②职场友谊可以帮助员工获得更多的资源和信息，能够为员工提供工具性支持，有助于加强员工的组织公民行为、工作绩效，促进员工职业发展，降低员工的工作压力、缺勤率和减少离职。刘凤香（2013）的研究综述弥补了张晓舟（2014）对职场友谊在组织层面影响效果综述不足的缺陷，指出职场友谊有助于在组织内部建立起相互帮助和创新性的组织气氛，促使组织有效运转，从而提高组织绩效。

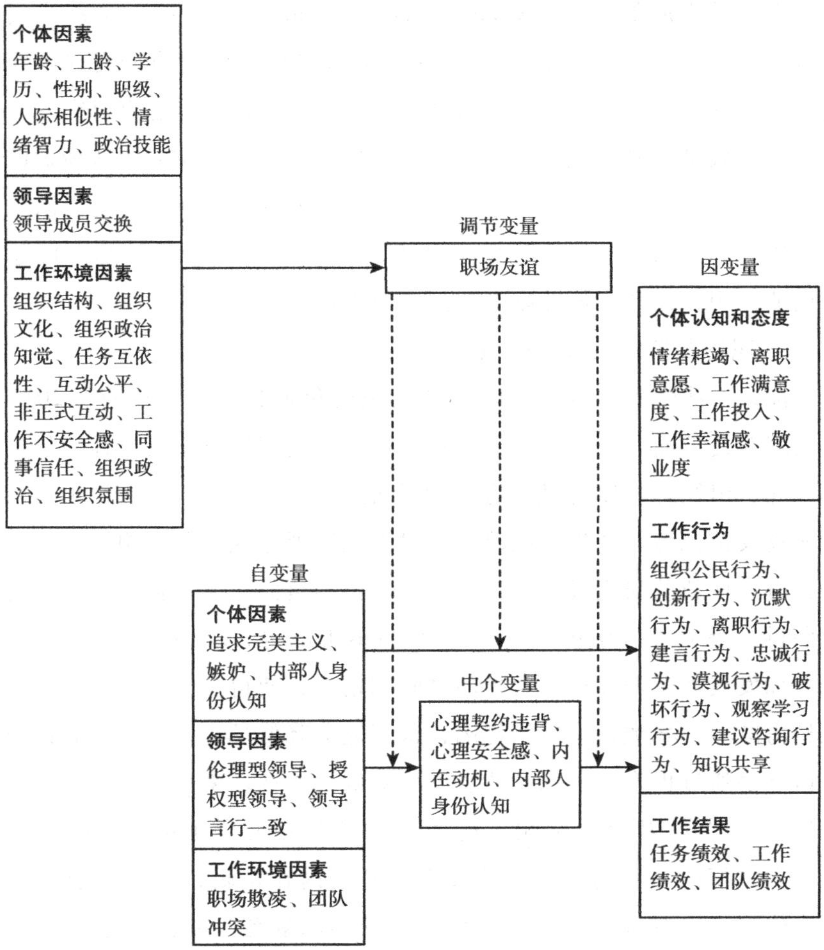

图 2.7　职场友谊的影响因素及调节作用模型

最新研究表明，职场友谊提升了员工的创造力并加强创新（Lu、Du 和 Xu 等，2017）、服务补救绩效（Okoe、Boateng 和 Mensah，2016）、工作意义感知（Mao、Hsieh 和 Chen，2012）、敬业度（付景涛和贺琦，2018）、建言行为（尹奎、孙健敏和张凯丽等，2018）、心理资本和工作繁荣（陈洪安、李乐和刘俊红等，2016）、知识共享意愿（尹奎、孙健敏和刘永仁等，2015）、生活满意度（孙健敏和焦海涛，2012）。另外，职场友谊有助于降低员工的工作倦怠感（孙健敏和焦海涛，2012）。

钟、劳特和帕克等学者（Chung、Lount 和 Park 等，2018）认为，相较于由熟人关系构成的团队（groups of acquaintances），由朋友关系构成的团队（groups of friends）是否能够取得较好的团队绩效，现有研究并未获得统一定论。一些研究认为职场友谊有助于提升团队绩效，但也有研究并未发现显著的影响效果。基于此，他们认为团队内部的职场友谊对团队绩效的积极影响存在某些情境调节因素，他们通过元分析发现，职场友谊对团队绩效产生积极影响，团队规模和任务聚焦（表现为数量和质量两种类型）起到重要的调节作用，任务互依性则未起到调节作用。

（2）职场友谊的消极影响效果

目前，一些学者也开始关注职场友谊的负面作用。张晓舟（2014）的综述文献对此负面影响进行了归纳和总结，指出职场友谊会导致性骚扰、绯闻、包庇、组织忠诚度降低、办公室恋情、“圈子”行为等不良后果。此外，职场友谊也可能产生组织政治，对组织发展造成不利影响。

也有一些新的研究成果探讨了职场友谊的负面作用。梅拖特、莱皮内和波德萨科夫等学者（Methot、Lepine 和 Podsakoff 等，2016）指出，职场友谊的维护和发展需要消耗员工大量的时间和精力，使得员工投入任务方面的时间和精力减少，导致员工情绪耗竭，这可能会降低员工的工作绩效；但是职场友谊能够通过提升员工积极情感进而降低情绪耗竭来提升员工绩效，即职场友谊存在“双刃剑”影响。皮勒默和罗斯巴德（Pillemer 和 Rothbard，2018）深入探讨了职场友谊的消极影响及其内在逻辑，指出由于职场友谊的四个典型特征（非正式性、自愿性、共同的规范、社会情感目标）与组织生活的四个基本要素（正式角色、非自愿性的约束、交换性的规范、工具性目标）存在矛盾，同事之间的相互表露和感知的相似性不仅能够给职场友谊带来积极的结果，而且会产生消极结果，职场友谊的亲密度、成熟度和成员地位则起到重要的调节作用，社交媒介的使用影响了职场友谊的形成并强化了职场友谊的消极作用效果。具体而言：①职场友谊导致个体把更多的精力花费在社会情感性目标的实现方面，这偏离了组织所遵从的工具性目标，并且容易引发非正式角色和正式角色之间的角色内冲突，而友谊的亲密度进一步强化了此类消极结果。②由于个体的人际相似性和对社会情感性目标的追求，职场友谊不利于团队内部复杂性决策的制定，难以提出创造性的问题解决方法，而友谊的成熟度越高，此消极作用结果越明显。③基于认同形成的小圈子，彼此有着较少的互动，此时职场友谊不利于组织内部的知识共享，以及组织内部程序公平和分配公平的感知，成员地位差异越大，此消极作用结果越明显。④社交媒介的使用（如 LinkedIn、Facebook、Instagram、Twitter）增加了个体的自我表露，加速了职场友谊的形成，但是社交媒介的使用强化了职场友谊的消极影响。

综上可知，国内外学者对职场友谊功能的研究有待拓展和深化，其影响效果仍然局限于常规的工作态度、工作行为和工作结果等变量。此外，国内学者对职场友谊的研究正处于起步阶段，中国情境下职场友谊会产生何种影响机制仍然存在较多的探索空间。需要指出的是，尽管职场友谊存在一定的消极效果，但总体来看，学界对职场友谊的积极影响持肯定态度（Pillemer 和 Rothbard，2018）。

2.7　职场排斥的相关研究

2.7.1　职场排斥的内涵

目前，学者们对职场排斥的概念展开了较多的界定。费里斯、布朗和贝里等学者（Ferris、Brown 和 Berry 等，2008）首次提出职场排斥的概念，是指员工在职场中感知到的来自他人的冷落、忽视或排挤等。鲁滨逊、奥莱利和王（Robinson、O'Reilly 和 Wang，2013）认为职场排斥是指在本应该适当与同事交流的时候，个体或组织选择不作为。乐嘉昂、彭正龙和高源（2013）认为职场排斥是指员工在组织内遭受人际忽略，或者员工在完成工作任务和面对职业发展时，同事滥用权力设置工作障碍，导致员工被边缘化的行为。陈晨、杨付和李永强（2017）将职场排斥界定为在职场中个人价值被贬值，从而遭遇他人忽视、拒绝或排挤的现象。目前，国内外学者广泛运用费里斯、布朗和贝里等学者（Ferris、Brown 和 Berry 等，2008）对职场排斥的定义。

综上可知，职场排斥具有一定的隐蔽性，主要依赖于员工对日常人际互动遭受忽视和排挤的主观感知，反映了个体在组织中的人际适应情况。

2.7.2 职场排斥的测量

目前关于职场排斥的结构维度尚未达成共识。费里斯、布朗和贝里等学者（Ferris、Brown 和 Berry 等，2008）最早对职场排斥的结构维度进行了探究，开发了 10 个题项的单维度量表，主要侧重同事排斥，示例题目为“在工作中，我发现别人不关注我”“在工作中，别人把我排除在交谈之外”，这也是本书拟采用的研究量表。结合费里斯、布朗和贝里等学者（Ferris、Brown 和 Berry 等，2008）的研究贡献，希特兰和诺尔（Hitlan 和 Noel，2009）认为职场排斥具有不同的表现形式，开发了包含同事排斥、领导排斥和语言排斥 3 个维度共 15 个题项的量表。奥莱利、鲁滨逊和贝尔达尔等学者（O’Reilly、Robinson 和 Berdahl 等，2015）从信息沟通视角开发了 6 个题项的职场排斥量表。

蒋奖、鲁峥嵘和张雯（2011）基于中国员工在人际互动过程中注重面子、和谐、含蓄的特点，开发了包含主管排斥和同事排斥两个维度共 20 个题项的量表。该量表在题项表述方面更加委婉、温和，较好地契合了中国情境下职场排斥的现实情况。乐嘉昂、彭正龙和高源（2012）编制了包含人际忽视、资源隔绝、蓄意抵触、价值诋毁、差序格局偏见 5 个维度的量表。

尽管国内学者意识到职场排斥的文化差异性，但基于中国情境的职场排斥量表仍然有待探索，虽然蒋奖、鲁峥嵘和张雯（2011）以及乐嘉昂、彭正龙和高源（2012）开发的量表有助于职场排斥的本土化研究，但他们开发的本土化量表并未被广泛采用，均局限于他们自己的相关研究，国内仍然缺乏权威的职场排斥的本土化量表，这也为国内学者在职场排斥的本土化量表开发提供了广阔的空间。目前，费里斯、布朗和贝里等学者（Ferris、Brown 和 Berry 等，2008）开发的职场排斥量表仍然受到国内外学者的广泛认可和采用。

2.7.3 职场排斥的影响因素

本书将职场排斥作为因变量进行分析，因此本部分重点综述职场排斥的影响因素，本部分从个体因素、领导因素和组织环境因素 3 个方面进行综述。

（1）个体因素

①个体特质。霍华德、科格斯韦尔和史密斯（Howard、Cogswell 和 Smith，2019）的综述文章指出，宜人性、开放性、尽责性与职场排斥负相关，神经质与职场排斥正相关；归属需求、未来导向与职场排斥负相关；相较于男性而言，女性更容易遭受职场排斥；年龄、工龄、学历、全职/兼职与职场排斥也存在显著相关关系。情绪稳定性较高的人格遭受职场排斥的现象较少，然而顺从、冲突规避的个性会对职场排斥选择忍受，反而纵容了更多的职场排斥（Mao、Liu 和 Jiang 等，2018）。主动性人格的员工会尽可能寻找解决方案避免职场排斥，因此主动性人格与职场排斥负相关（Zhao、Peng 和 Sheard，2013；Leung、Wu 和 Chen 等，2011）。

②个体行为。研究表明，消极组织行为与职场排斥正相关，如非伦理行为（Quade、Greenbaum 和 Petrenko，2017）、职场不文明行为（Scott、Restubog 和 Zagenczyk，2013）。在积极组织行为方面，新员工的角色社会化程度（王海波、严鸣和吴海波等，2018）、组织公民行为（刘军、王未和吴隆增等，2012）与职场排斥负相关，但工作重塑（蒋昀洁、孙甫丽和蒋春燕，2019）、建言行为（詹小慧、汤雅军和杨东涛，2018）对职场排斥产生正向影响。

此外，积极情绪表达与职场排斥负相关；消极情绪表达与职场排斥正相关（Mao、Liu 和 Jiang 等，2018）。逢迎策略（张骁、林颖和朱岫，2018）、职业生涯韧性（闫淑敏和谢旭辉，2016）、政治技能（刘蒙、刘永仁和宋璐璐，2014）对职场排斥产生显著负向影响。个体之间的人际冲突、竞争关系与职场排斥正相关，合作关系则与职场排斥负相关（Harvey、Moeller 和 Kiessling，2018）；和谐型激情与职场排斥正相关（蒋昀洁、孙甫丽和蒋春燕，2019）；情感自反性、关系利益与职场排斥负相关（高源、乐嘉昂和彭正龙，2016）。

③个体差异。个体与大多数群体成员对比，当个体与其他成员存在较大差异时，可能引发职场排斥。共享的团队属性能促进成员人际互动和团队认同，而团队成员间存在较大差异可能阻碍成员互动与交流，进而引发职场排

斥，例如，员工拥有独特的知识、更高的认知能力（Mao、Liu 和 Jiang，2018），员工与领导有更好的关系（Wang 和 Li，2018），受到领导或组织的特殊对待（Ng，2017），具有认知异质性（高源、乐嘉昂和彭正龙，2016）。此外，当员工在某些方面优于其他员工，容易引发其他员工的不安全感，进而导致职场排斥，例如，下属能力较强容易增加领导的不安全感进而遭受领导的职场排斥（Chang、Kuo 和 Quinton 等，2019）。但是，也有研究得出了相反的结论，例如，刘军、王未和吴隆增等（2012）的研究发现，员工与领导有更好的关系、员工有着较高的工作绩效，均不容易遭受职场排斥。

(2) 领导因素

在领导因素方面，坎瓦尔、洛迪和卡席夫（Kanwal、Lodhi 和 Kashif，2019）的研究发现，专权型领导、交易型领导、自由放任型领导与职场排斥正相关；变革型领导与职场排斥负相关。霍华德、科格斯韦尔和史密斯（Howard、Cogswell 和 Smith，2019）的综述文章指出，辱虐管理、主管的排斥行为与职场排斥正相关，领导成员交换与职场排斥负相关。内维斯（Neves，2018）的研究发现，辱虐管理容易导致职场排斥的发生。李晓玉、党广龙和高昂（2018）的研究表明，差序式领导容易诱发职场排斥。

(3) 组织环境因素

在组织环境因素方面，鲁滨逊、奥莱利和王（Robinson、O' Reilly 和 Wang，2013）的研究表明，高冲突避免的组织文化和竞争性的组织文化导致员工不能通过充分的沟通化解人际紧张，从而诱发职场排斥；组织扁平化降低了员工之间的依赖性，彼此沟通和联系的减少容易引发职场排斥，通过提高任务互依性可以促进员工间的沟通，预防职场排斥的发生。类似的研究表明，社会支持感知与职场排斥负相关（Howard、Cogswell 和 Smith，2019），竞争氛围（Ng，2017）、组织差序氛围（于伟和张鹏，2016）容易诱发职场排斥。

在中介机制方面，工作不安全感（Chang、Kuo 和 Quinton 等，2019）、关系冲突（Quade、Greenbaum 和 Petrenko，2017）、不信任（Scott、Restubog 和 Zagenczyk，2013）、工作重塑（蒋昀洁、孙甫丽和蒋春燕，2019）、嫉妒（詹小慧、汤雅军和杨东涛，2018）、工作疏离感（王海波、严鸣和吴海波等，2018）、团队成员交换（高源、乐嘉昂和彭正龙，2016）等变量起到中介作用。

在调节机制方面，宜人性（Wang 和 Li，2018）、员工幽默特质（Neves，2018）、工作绩效（Quade、Greenbaum 和 Petrenko，2017）、组织支持（Scott 和 Duffy，2015）、工作情境强度（蒋昀洁、孙甫丽和蒋春燕，2019）、发展性反馈（王海波、严鸣和吴海波等，2018）、竞争氛围和任务互依性（詹小慧、汤雅军和杨东涛，2018）、消极情感状态（张骁、林颖和朱頔，2018）、员工传统性、关系取向（高源、乐嘉昂和彭正龙，2016）、组织公平（刘蒙、刘永仁和宋璐璐，2014）、组织政治氛围（刘军、王未和吴隆增等，2012）等变量起到调节作用。

本书主要探究员工遭受和规避职场排斥的因素，因此以上内容主要归纳总结了员工遭受职场排斥的影响因素。事实上，领导也可能遭受职场排斥。例如，陈志霞和涂红（2017）从个体、领导和组织 3 个层面归纳了领导排斥的影响因素：第一，下属因素，包括组织政治技能、认知风格、自我概念、工作绩效、旁观者行为（如同流合污、熟视无睹）；第二，领导因素，包括刻板印象和偏见、自恋倾向、权力意识等；第三，组织环境因素，包括差序格局、高权力距离、组织政治、制度缺陷。

职场排斥的影响因素模型如图 2.8 所示。调节变量的箭头指向之所以采用虚线表示，是因为调节变量在不同研究模型中的调节位置存在差异。

2.7.4　职场排斥的影响效果

职场排斥的影响效果主要体现在心理、态度、行为和结果四个方面。

（1）心理层面

职场排斥会对员工心理健康产生负面影响，使得员工的基本心理需求受到威胁，从而增加员工压力，使员工出现工作紧张（Zhu、Lyu 和 Deng 等，2017）、情绪耗竭（Jahanzeb、Fatima 和 Malik，2018；李丹和常梦醒，2018）、人际冲突和任务冲突（Chung，2015），引发员工愤怒、焦虑、痛苦、绝望、抑郁、心理困扰（Wu、Yim 和 Kwan 等，2012；Hitlan、Kelly 和 Schepman 等，2006；高天茹和贺爱忠，2019）等。

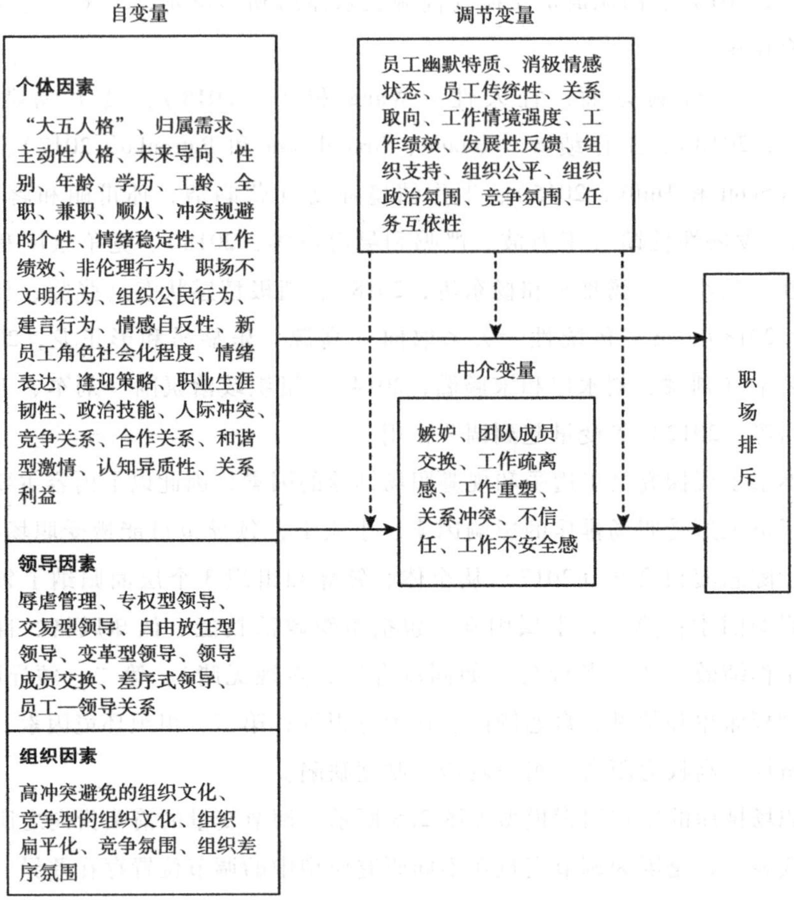

图 2.8 职场排斥的影响因素模型

(2) 态度层面

职场排斥会对员工工作态度产生不利影响。研究表明，职场排斥降低了员工的工作嵌入程度（Lyu 和 Zhu，2019）、心理需求满意度（Wu、Qu 和 Zhang 等，2019）、创造性过程投入（Kwan、Zhang 和 Liu 等，2018）、工作幸福感和组织归属感（O' Reilly、Robinson 和 Berdahl 等，2015）、组织自尊（Chung 和 Yang，2017；于伟和张鹏，2016）、组织认同（Wu、Liu 和 Kwan 等，2016；于鲁宁和彭正龙，2018；吴隆增、刘军和许浚，2010）、组织责任感（Wu、Liu 和 Kwan 等，2016）、组织承诺（Hitlan、Kelly 和 Schepman 等，2006）、组织公平感（林志扬和杨静，2015）、工作安全感（叶仁荪、倪昌红和黄顺春，2015）、工作满意度和工作投入度（李锐，2010）。同时，职场排斥也会增加员工的离职倾向（Lyu 和 Zhu，2019；Robinson、O' Reilly 和 Wang，2013；尹奎和刘永仁，2013）、职业倦怠感（赵金金和刘博，2019）和职场孤独感（吕惠聪、温忠麟和邓家毓，2015）。此外，章、郭和昆顿等学者（Change、Kuo 和 Quinton 等，2019）深入探讨了领导排斥的影响效果，研究表明领导排斥降低了下属的授权感知、下属对主管承诺的践行度，增加了下属对领导的负面“八卦”行为。

（3）行为层面

员工对职场排斥的行为反映表现出不同的应对策略。一些研究指出，职场排斥会导致员工减少积极工作行为来进行消极应对，“受害者”会通过减少建言行为（Wu、Qu 和 Zhang 等，2019）、助人行为（Peng 和 Zeng，2017）、组织公民行为（Wu、Liu 和 Kwan 等，2016；于鲁宁和彭正龙，2018；吴隆增、刘军和许浚，2010）、知识分享行为（Zhao、Xia 和 He 等，2016）、信息交换（Gkorezis、Bellou 和 Adcroft 等，2016）、主动性行为（周星、程豹和郭功星，2018；刘小禹、刘军和许浚等，2015）、员工创造力（Tu、Cheng 和 Liu，2019；Kwan、Zhang 和 Liu 等，2018；李进、刘军和刘超等，2016）、创新行为（赵秀清和孙彦玲，2017）来报复职场排斥。“受害者”也会通过增加消极行为来报复职场排斥，例如，出现怠工行为（Abubakar、Yazdian 和 Behravesh，2018）、越轨行为（Jahanzeb 和 Fatima，2018；李进、刘军和刘超等，2016）、反生产行为（Yang 和 Treadway，2018；罗瑾琏、花常花和朱荧，2015），进行知识隐藏（Zhao 和 Xia，2017；Zhao、Xia 和 He，2016；高天茹和贺爱忠，2019），出现自利行为（Gkorezis、Bellou 和 Adcroft 等，2016）、非伦理行为和撒谎行为（Kouchaki 和 Wareham，2015）、冒险决策行为（Duclos、Wan 和 Jiang，2013）、服务破坏行为（程豹、周星和郭功星，2019）、漠视行为（于伟和张鹏，2016）和沉默行为（林志扬和杨静，2015）。此外，遭受职场排斥的员工会选择回避社交的方式来缓解职场排斥（Meagher 和 Marsh，2017），通过降低自己对社交信息的敏感性，消极应对人际互动（Twenge、Catanese 和 Baumeister，2003）。

与采取消极应对策略不同，遭受职场排斥的员工也可能采取补偿性行为获得他人接纳，满足归属需求。被排斥者会通过逢迎、顺从他人、附和他人（Riva、Williams 和 Torstrick 等，2014），亲组织非伦理行为（张桂平，2016）等补救措施对人际关系进行主动修复。徐、黄和罗宾逊（Xu、Huang 和 Robinson，2017）的研究表明，被排斥者会通过增加助人行为、减少懒散行为来重新获得他人认同，尤其是被排斥者有着较高的团队认同感和较长的工龄时，职场排斥与助人行为的正向影响会更强，职场排斥与懒散行为的负向影响也会更强。另有研究表明，当被排斥者认为有可能修复关系时，才会实施亲社会行为（Cuadrado、Tabernero 和 Steinel，2015）。

（4）结果层面

职场排斥会对工作结果产生负面影响，降低了员工的工作绩效（De Clercq、Haq 和 Azeem，2019；Steinbauer、Renn 和 Chen 等，2018；李瑞，2013）、主动性的顾客服务绩效（Zhu、Lyu 和 Deng 等，2017）、角色内绩效和角色外绩效（O' Reilly 和 Robinson，2009）。此外，职场排斥也会对个体的家庭生活产生影响，导致员工工作家庭冲突（Zhang、Yeh 和 Ferreira - Meyers，2016；Liu、Kwan 和 Lee 等，2013），使得员工产生较低的家庭满意度（Liu、Kwan 和 Lee 等，2013）和生活满意度（Bernstein、Sacco 和 Brown 等，2010）。

另外，学者们也探究了职场排斥对个体影响效果的调节因素，具体可以归纳为如下 4 个方面：

第一，性别方面：相较于女性而言，职场排斥对男性自尊和工作满意度造成的消极影响更大（Hitlan、Kelly 和 Schepman 等，2006）；遭受职场排斥后，女性会采取积极应对策略缓解当前现状，男性则采取退缩行为等消极应对策略（Williams，2007）。

第二，人格方面：自恋性人格的个体对职场排斥更为敏感，加强了职场排斥对建言行为的负面影响（Wu、Qu 和 Zhang 等，2019）；主动性人格缓解了职场排斥给个体带来的消极影响（Zhao、Xia 和 He 等，2013；谢俊和严鸣，2016）；个体神经质增强了职场排斥与工作投入（Kaya、Ataman 和 Aydin，2017）、组织自尊（刘小禹、刘军和许浚等，2015）之间的负向关系；大五人格（Hitlan 和 Noel，2009）、内外控特质（罗瑾琏、花常花和朱荧，2015）对职场排斥与反生产行为的关系也起到调节作用。

第三，心理状态和能力方面：内在动机（Lyu 和 Zhu，2019；Steinbauer、Renn 和 Chen 等，2018）、工作效能感（De Clercq、Haq 和 Azeem 等，2019）、职场逢迎、政治技能（Yang 和 Treadway，2018；Wu、Yim 和 Kwan 等，2012）、心理资本（Zheng、Yang 和 Ngo，2017；闫艳玲、周二华和刘婷，2014）、情绪智力（Zhang 和 Shi，2017；李丹和常梦醒，2018）、权力（Narayanan、Tai 和 Kinias 等，2013）、心理授权（赵金金和刘博，2019）、心理顽强性（程豹、周星和郭功星，2019）、心理安全感（于鲁宁和彭正龙，2018）、成就需要、情谊需要、权力需要（李进、刘军和刘超等，2016）、核心自我评价（孙灵希，2015）、职业生涯韧性（尹奎和刘永仁，2013）都对职场排斥的负面影响起到缓解作用。

第四，情境因素方面：集体主义导向（Tu、Cheng 和 Liu，2019）、组织支持感知（Kwan、Zhang 和 Liu 等，2018）、排斥者的地位和被排斥者的外部社会支持（Fiset、Al Hajj 和 Vongas，2017）、360 度绩效反馈（Peng 和 Zeng，2017）、权力距离（Wu、Liu 和 Kwan 等，2016）、文化价值观（Pfundmair、Graupmann 和 Frey 等，2015；吴隆增、刘军和许浚，2010）、任务互依性（Zhang 和 Dai，2015）、绩效考核方式（Kerr、Seok 和 Poulsen 等，2008）、宽恕氛围（高天茹和贺爱忠，2019）、发展性绩效反馈（王海波、严鸣和吴海波等，2018）、中国人的传统性和关系取向（高源、乐嘉昂和彭正龙，2016）等因素均会对职场排斥作用的效果起到调节作用。

第 3 章

授权型领导对员工建设性越轨行为的跨层次影响

3.1 问题提出

如何应对快速变化的外部环境，适应复杂多变的市场竞争，这需要领导者改变传统的层级管理模式，采用授权型领导风格下放权力给员工、鼓励员工参与决策、向员工提供工作指导和分享信息，以便提高组织的灵活性（林美珍和凌茜，2016）。另外，授权型领导风格也契合了知识经济时代背景下员工期望拥有更多的工作自主权和决策权、更多从事富有挑战性的工作以便满足自我价值实现的心理需求（吕霄、樊耘和张婕等，2018）。

研究表明，授权型领导提升了员工建言行为（Jada 和 Mukhopadhyay，2019）、知识共享行为（Wu 和 Lee，2017）、创新行为（Amundsen 和 Martinsen，2015）、主动担责行为（Li、He 和 Yam 等，2015）、组织公民行为（Bester、Stander 和 Van Zyl，2015）等主动行为。员工建设性越轨行为也是一种主动行为。然而，授权型领导是否也能够激发员工做出建设性越轨行为？目前，鲜有学者就这一问题开展相关研究。由于员工建设性越轨行为违背了组织规则、挑战了领导的权威和地位，从资源保存理论（Hobfoll，1989）的视角来看，当个体缺乏做出此行为所需要的资源时，他们便不会积极实施该行为。授权型领导下放权力给员工，让员工参与决策，向员工提供工作指导和分享信息，不仅给予员工较多的工具性资源支持，而且打消了员工建设性越轨行为挑战了领导的权威和地位的疑虑，使员工实施建设性越轨行为获得较多的情感性资源支持（Merten 和 Recker，2020）。因此，本书基于资源保存理论，探讨授权型领导与员工建设性越轨行为的作用关系。

领导的授权行为体现了领导对员工能力的认可和信任，有助于提升员工在组织中重要性的感知，增强员工的组织自尊水平（Kim 和 Beehr，2018b），根据资源保存理论，员工因而会产生较多的情感性资源，此时员工认为自己有责任为了促进组织发展而积极实施建设性越轨行为。已有研究表明，组织自尊在授权型领导与员工创新行为之间起到中介作用（王宏蕾和孙健敏，2018），然而，组织自尊在授权型领导与员工建设性越轨行为之间的中介作用尚缺乏相关实证研究的支持。因此，本书基于资源保存理论，探究组织自尊的中介作用。

中国本土化的研究表明，国外成熟的概念和理论生搬硬套到中国文化情境时，容易出现理论上的“水土不服”，需要充分考虑中国独特的文化特征。中国长期受到儒家文化影响，传统性根植于中国文化中，并深入组织情境，学者们纷纷将传统性引入组织行为学领域，考察员工传统性的调节作用影响。传统性较高的员工不愿冒险，具有较高的安全需求导向（Farh、Earley 和 Lin，1997），他们会认为实施建设性越轨行为具有较高的风险，这会消耗他们有限的工作资源，因此，即便较高的组织自尊能够提升员工建设性越轨行为，员工较高的传统性也可能弱化了此效应，进而削弱组织自尊的中介效应。

综上所述，本书基于资源保存理论，从领导层面因素探究授权型领导对员工建设性越轨行为的跨层次影响，并引入组织自尊作为中介变量，旨在揭开授权型领导激发员工建设性越轨行为的“神秘面纱”；同时考虑员工个体特质因素，引入员工传统性作为调节变量，丰富授权型领导激发员工建设性越轨行为的边界效应研究。

3.2　研究假设

3.2.1　授权型领导与员工建设性越轨行为

授权型领导是指领导者通过下放权力、鼓励员工参与决策、为员工提供工作指导、及时与员工分享信息等方式来对员工授权的领导风格（Sharma 和 Kirkman，2015）。领导在组织中决定了员工的绩效评定、晋升、奖励等重要事项，可以给予员工直接的资源支持和资源剥夺，决定了员工的直接利益感知，可见，领导是组织中影响员工行为最直接和最明显的组织环境因素。由于员工建设性越轨行为涉及违反组织规则，很可能受到领导的处分或批评，并造成工作资源的损失，因此，领导的支持和帮助能够增强员工实施该行为的成功率（Lin、Mainemelis 和 Kark，2016；王艳子和张莉，2018）。资源保存理论指出，个体缺乏相应的资源或者资源消耗后无法有效弥补会影响员工的工作行为（Hobfoll，1989）。授权型领导能够提供给员工较多的工作资源，有助于弥补员工实施建设性越轨行为时可能造成的工作资源损失，梅尔滕斯和雷克（Mertens 和 Recker，2020）通过案例分析论证了它们两者间的作用关系。本书基于资源保存理论，探究授权型领导对员工建设性越轨行为的激发机理。

首先，根据资源保存理论，员工感知到资源损耗威胁时，更倾向于自我保护，做出规避风险的选择（Hobfoll，1989）。员工不愿做出建设性越轨行为是由于员工认为自己对工作结果缺乏影响力和决定权，缺乏成功实施该行为所需的工作资源，担心该行为可能会给自身带来不利影响（崔智淞和王弘钰，2019）。授权型领导为员工提供了较多有价值的工作资源（如信息、指导、绩效反馈），能够让员工获得更多增加工作资源的机会，可以对员工进行有效的资源补充，授权型领导向员工提供的资源支持有利于降低个体感知到的资源损耗威胁和对不利因素的担忧（Kim、Beehr 和 Prewett，2018），这有助于激发员工实施建设性越轨行为。

其次，根据资源保存理论，作为一种极具冒险特质的行为，建设性越轨行为的实施者权衡该行为潜在的资源收益与损失是做出此行为重要的心理活动过程（王艳子和赵秀秀，2020）。授权型领导不仅能够使员工获得较多的与工作相关的信息及资源支持，而且能够增强员工应对挑战和困难的积极心理资源，即使遭遇瓶颈或困难，员工也能够保持乐观的心态，敢于冒险尝试并探索新的解决问题的途径和方法（Lee、Willis 和 Tian，2018），这些积极的心理资源有助于员工产生更多超越职责的建设性越轨行为，而不会担心员工建设性越轨行为伴随的诸多不可预测性和风险性。

最后，根据资源保存理论，工作资源的获得与损失通过个体与其所处环境的互动实现，个体会依据拥有的资源以及潜在的资源损失和增益做出行为决策（Halbesleben、Neveu 和 Paustian - Underdahl，2014）。授权型领导为员工营造了一种自由、灵活和包容的工作氛围，在这种工作氛围中，员工感觉到自己是被信任和认可的，感知到更少的认知压力和情绪耗竭，促使个体内在动机得以激发，表现出更加积极的工作状态，主动与领导和同事交流接触（Jada 和 Mukhopadhyay，2019），学习新的知识和技能，此时员工会拥有更多的认知资源和积极情绪资源（Tuckey、Bakker 和 Dollard，2012），勇于探索实现组织目标、完成工作任务的有效策略，主动冒险实施有利于组织的建设性越轨行为。

假设 H1：授权型领导对员工建设性越轨行为产生正向影响

3.2.2　组织自尊的中介作用

组织自尊是指员工对自己在组织中重要性的感知，认为自己有能力为组织创造价值（Pierce、Gardner 和 Cummings 等，1989）。领导者作为员工与组织之间建立联系的关键桥梁，领导对员工的授权行为会显著提高员工在组织中重要性的感知进而产生较高的组织自尊水平（张好雨、王辉和郭理等，2016）。组织自尊较高的员工意识到自己是对组织有价值的内部成员，认为个人利益与组织利益密不可分，即便组织并未对员工积极工作行为给予明确的奖励措施（Pan、Qin 和 Zhang 等，2014），他们也具有较强的内在动力主动实施具有一定风险性的建设性越轨行为。

资源充足的个体有能力获取更多的资源，更容易产生积极的心理资源（曹霞和瞿皎姣，2014）。领导的授权行为能够提升员工对自己在组织中重要性的整体看法和评价，有助于员工形成积极的心理资源，产生较高的组织自尊水平。首先，授权型领导通过给予下属较高的工作自主权，意味着员工承担了原属于领导的部分角色责任，为下属创造了更多展现自身能力和贡献的机会，在这个过程中员工能够体验到更高的工作效能感、工作控制感和工作意义感（Lee、Idris 和 Delfabbro，2017；Hao、He 和 Long，2018），有助于员工形成正面的自我概念等积极心理资源，感知到自身对组织有着重要的价值进而激发出较高的组织自尊水平（Kim 和 Beehr，2018b）。其次，授权型领导鼓励员工积极参与与决策制定，乐于倾听员工的创新性想法，这种行为体现了领导对员工工作能力的信任和认可（Lee、Willis 和 Tian，2018），提升了员工在组织中工作的内在乐趣和积极情绪等情感性资源，让员工感知到自己的建议和创新性想法对组织发展的重要价值，进而提升员工的组织自尊水平（Liu、Hui 和 Lee 等，2013）。最后，授权型领导能够为下属提供专业的指导和建设性反馈，及时与员工分享信息，扫除工作障碍，增强了员工的工作胜任感等积极心理资源，让员工感知到自己是领导重点培养和发展的对象（Park、Kim 和 Yoon 等，2017），提升了员工在组织中对自我能力和个人价值的积极评价，进而产生较高的组织自尊水平。

资源保存理论指出，拥有较多资源的个体更有可能做出利组织行为，从而帮助个体实现工作目标（Halbesleben、Neveu 和 Paustian – Underdahl，2014）。组织自尊作为一种积极的心理感知，是员工对工作角色产生依恋感和参与感的必要条件，能够有效降低员工做出建设性越轨行为的心理资源损耗。首先，高组织自尊的员工容易产生更多的工作意义感，这些积极的心理资源促使员工愿意投入更多的精力，有效提升了员工的组织责任感（Bowling、Eschleman 和 Wang 等，2010），促使员工更加关心组织发展，员工会出于为组织做出贡献的责任感而积极实施建设性越轨行为。其次，高组织自尊的员工认为自身能力强于同事，基于维持自我评价一致性的内在动机，把组织目标内化为自己的工作目标，从而主动探寻和发掘解决问题的创造性方法和途径（王三银、刘洪和林彦梅，2016），在工作中表现出更多的建设性越轨行为以便促进组织发展。最后，较高的组织自尊水平意味着员工积极心理资源的增加，员工对自己的能力更有信心，喜欢挑战性目标，这种心理资源的增加使得员工在组织中拥有更多活力（齐蕾、刘冰和魏鑫，2019），不愿意被规则约束，甚至愿意为了组织发展而偏离相关利益群体的规范，以更加自信的姿态融入超越自身角色规定的建设性越轨行为（Dahling 和 Gutworth，2017）。

假设 H2：组织自尊在授权型领导与员工建设性越轨行为之间起到中介作用

3.2.3　员工传统性的调节作用

尽管组织自尊较高的员工更有可能实施建设性越轨行为，但是受到中国传统思想的影响，员工往往愿意按部就班地工作（Farh、Hackett 和 Liang，2007），这与员工的传统性特征密切相关，即组织自尊较高的员工在实施建设性越轨行为时会受到员工传统性特征的影响。具有不同文化价值取向的员工遵循不同的行为规范，这可能导致相关的影响因素对员工建设性越轨行为的作用效果产生显著差异。传统性最初是作为一种中国文化现象进行研究，随着对中国传统性研究的深入，学者们发现传统性不仅体现为一种中国文化现象，受到中国传统文化的长期影响，中国员工个体的传统性特征逐渐被广泛地应用于组织行为研究领域（Farh、Earley 和 Lin，1997）。本书借鉴学者们的研究思路，将传统性作为个体特征引入研究模型，试图揭示其在组织自尊对员工建设性越轨行为影响过程中的调节作用以及对组织自尊中介效应的调节作用。

员工之所以不愿做出建设性越轨行为是担心该行为会给自身带来不利结果，传统性高低水平不同的员工对外界信息的担忧程度存在差异，也会有不同的行为倾向（Wang、Lu 和 Lu，2014）。员工较高的传统性可能会增强员工对工作环境不确定性的敏感度，能够反映个体内心深处"敢不敢"实施建设性越轨行为。根据资源保存理论，当面临资源损失时，个体通常会采取保守行动、降低资源消耗以防止资源的继续丧失，避免陷入丧失螺旋（曹霞和瞿皎皎，2014）。因此，尽管员工较高的组织自尊有助于提升员工建设性越轨行为，但是员工较高的传统性会削弱组织自尊的积极影响，即便员工的组织自尊较高，受到员工较高传统性的影响，员工也会表现出较低的建设性越轨行为。

根据资源保存理论，资源的有限性使得个体必须对自身拥有的资源做出分配决定，而个体的认知差异会影响其对资源的评价与分配（Hobfoll，2011）。首先，高传统性员工认为自己在组织中处于"卑"的地位，觉得自身拥有的资源较少（Zhang、Song 和 Tsui 等，2014），由于资源限制使得他们在解决工作中遇到的问题时缺乏弹性和应变能力，即使组织自尊水平较高，他们也不会打破组织规则以免挑战到领导的权威和地位，倾向于关注自我利益和追求安全感，尽可能规避不确定性和风险，心理上表现得比较保守（王艳子和田雅楠，2019），只会选择接受既定的工作现状，而不会选择需要花费较多时间和精力的建设性越轨行为（王艳子和田雅楠，2019）。其次，高传统性的员工恪守自己的角色义务，能够较好地完成岗位职责内的工作任务，但高传统性员工在安分守成的观念下，严格遵守相关规章制度，这会触发员工的防御型心理，更愿意接受现状、不愿意接受新事物（Wu、Kwan和Wu等，2018），认为这会增加工作资源损失的可能性，习惯于利用固有的方式处理问题，这种思想极大地限制了员工的发散性思维，在自我灵活决定和创新层面的主观行为会减少，更愿意按部就班地达成基本的工作目标，在打破不合时宜的组织规则方面更为保守（Zhao，2014）。最后，高传统性的员工极度认可宿命自保的原则，工作中会尽可能保全自己，远离会给自己带来麻烦的角色外行为，因此，他们不会主动做出建设性越轨行为以免给自己带来不利影响。中国传统文化倡导人际和谐，个体在组织中坦率直言组织现状中出现的问题或者需要改进之处，常常被认为是对组织的挑战，并会令上级或者同事感觉不中听（冯锦铭、刘善仕和吴坤津，2018）。高传统性员工不愿意实施岗位职责之外的工作行为，认为这违背了组织规则，而且是一种抢风头、甚至是威胁同事的行为，破坏了公司和谐的氛围，他们更加乐于与同事保持友好关系，避免人际冲突和对同事之间的人际关系造成负面影响，其行为表现尽可能避免出现个体与组织的对抗局面（Xiang、Li和Wu等，2019）。因此，高传统性的员工将追求人际和谐视为符合社会角色规范的行为，而这会削弱组织自尊对员工建设性越轨行为的积极影响。

相反，对于低传统性的员工而言，他们的传统价值观念淡薄，较少受到自身角色义务的影响，对现存的社会秩序持有怀疑态度并且敢于对组织中存在的问题提出异议（赵红丹和江苇，2017）。他们独立自信、观念比较开放并乐于追求实现个人价值，而且对自己的工作能力充满信心，较少考虑角色外行为可能对人际关系产生的消极影响，对预期风险感觉到的威胁较低（Li、Huo和Long，2017）。由于低传统性员工喜欢挑战性目标和进行持续改进，并且会想办法降低风险来积极实施新颖性的想法（李晋、秦伟平和周路路，2015），即使组织自尊水平较低，低传统性员工也愿意冒险将拥有的资源投入到有益于实现组织目标的工作活动中，敢于遵从自己内心的真实想法（余璇和陈维政，2016b），改变组织中不合理的规则和流程，表现出为促进组织发展而打破组织不合理规则的建设性越轨行为。

假设 H3：员工传统性负向调节组织自尊与员工建设性越轨行为之间的关系

综合假设 H2 和 H3，本书认为员工传统性负向调节了组织自尊的中介作用。资源保存理论指出，拥有较少资源的个体面对资源损失时表现得较为脆弱，并且获取新资源的能力和动机也较低，此时个体持有的资源形成螺旋式减少的“恶性循环”（Hobfoll，2011）。授权型领导即便能够提升员工的组织自尊水平，但高传统性员工遵从权威、宿命自保和安分守己的观念已经根植于他们心中，认为自身缺乏较多的工具性资源，预期付出的努力不会得到良好的回报，而且认为此类行为超出了自己的角色定位，可能会使自己现有的资源受损，此时员工为了保存已有资源而不会付出额外的时间和精力（朱瑜和谢斌斌，2018），仅愿意完成本职工作，即使无需承担风险，他们也不会主动从事有益于组织的建设性越轨行为，而将自己置身于“风口浪尖”。可见，高传统性员工会对各类开放性的、主动性的心理认知和行为有弱化的效果，强化了保守性、规则性的行为表现，即员工较高的传统性会削弱组织自尊在授权型领导与员工建设性越轨行为之间的中介效应。

假设 H4：员工传统性负向调节了组织自尊的中介效应

研究模型如图 3.1 所示。

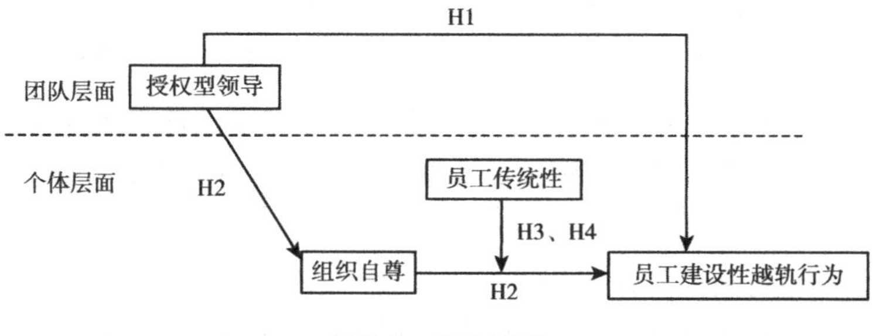

图 3.1　研究模型

3.3 研究样本

本章的调研样本来源于山西、北京、上海、江苏等地区的制造型企业和高科技企业，调研对象从事生产制造、产品研发、销售、技术等岗位。具体调研措施如下：

（1）设计领导版和员工版两套配对的调查问卷

领导版调查问卷由领导对员工建设性越轨行为进行评价，员工版调查问卷由员工对授权型领导、组织自尊和员工传统性进行评价。本章按照1∶5的配对比例由领导和员工分别填答问卷，期望通过2个不同的评价主体降低可能存在的数据同源偏差问题。

（2）确定调研企业的联络人、参与调研的领导和配对的员工名单

在实施问卷调研时，通过私人关系确定了调研企业的联络人（主要是笔者指导的MBA学生和朋友），并向该联络人解释清楚研究目的、问卷调研注意事项，由该联络人根据自身对领导和员工的熟悉及了解程度确定最适合参与本次调研的领导和员工名单，采用“领导和员工的姓名首字母+手机号码后四位”作为领导下属配对的编号方式，该联络人负责领导版和员工版调查问卷的发放、收集和配对，以便更好地跟踪整个问卷调研过程。

（3）根据变量之间的因果关系，分两个时点收集样本数据

在第一个时点，各个调研企业的联络人向参与调研的员工共发放500份员工版调查问卷，由员工评价授权型领导、组织自尊、员工传统性和员工的人口统计学变量，剔除填答不认真的问卷，获得426份员工版问卷。在第二个时点（间隔1个月），各个调研企业的联络人向员工对应的直接领导发放100套领导版调查问卷，由领导对5位直接下属的建设性越轨行为和领导的人口统计学特征进行评价，剔除填答不足3位下属的问卷，获得93套领导版问卷。

（4）筛选有效配对样本

由于在填答过程中，部分领导和员工出差、请假等诸多原因，导致领导和员工填答的问卷存在不能完全按照1∶5的方式配对填答完整，部分填答

存在缺少领导和员工编号无法进行配对，以及至少要满足 1∶3 的配对之后，最终获得 85 套领导版问卷和配对的 383 份员工版问卷，最终有效配对比例为 1∶4.5。

领导样本情况：男性占 74.1%；36~45 岁居多，占 56.4%，35 岁及以下和 46 岁及以上分别占 23.5%、20.1%；本科居多，占 65.9%，大专及以下和硕士及以上分别占 9.4%、24.7%。员工样本情况：男性占 62.1%；31~40 岁居多，占 52.2%，30 岁及以下和 41 岁及以上分别占 34.9% 和 12.9%；本科居多，占 71.1%，大专及以下和硕士及以上分别占 15.1% 和占 13.8%。

3.4　研究量表

采用国内外学者使用较多的国外成熟量表，采用“翻译—回译”程序，并让企业员工试填答以及与企业员工的多次讨论发现题项表述方面存在的问题进行修正，使题项表述符合中国员工的阅读习惯并保证原始量表的真实内涵为准则完善量表，采用 Likert 5 点计分法。

（1）授权型领导

采用维奇奥、贾斯廷和皮尔斯（Vecchio、Justin 和 Pearce，2010）的量表，原始量表有 10 个题目，本研究采用了其中的 7 个题目，示例题目为“领导鼓励我们把问题看成是机会而不是障碍”“领导建议我们在面对问题时自己寻找问题解决机会”。

（2）组织自尊

采用皮尔斯、加德纳和卡明斯等学者（Pierce、Gardner 和 Cummings 等，1989）的单维度量表，包括 10 个题目，示例题目为：“我在企业中是一个重要的人”“我对企业有影响力”。

（3）员工传统性

采用樊景立、厄利和林（Farh、Earley 和 Lin，1997）的单维度量表，包括 5 个题目，示例题目为“父母所尊敬的人，子女也应该尊敬”“如果因事争执不下，应该请辈分较高的人主持公道”。

(4) 员工建设性越轨行为

采用加尔珀兰（Galperin，2012）的量表，包括组织导向的建设性越轨行为（5 个题目）和人际导向的建设性越轨行为（4 个题目）两个维度，示例题目分别为“为了解决工作问题，该员工会调整不合理的组织程序”“为了更有效地完成工作，有时该员工不会按照主管的指示去做”。

3.5 数据分析

3.5.1 数据聚合检验

本书通过团队成员评价的授权型领导的均值来测量团队层次的授权型领导，因此需要进行数据聚合检验。授权型领导的数据聚合结果显示，Rwg 的均值为 0.907（大于 0.7），ICC（1）为 0.398（大于 0.05），ICC（2）0.725 为（大于 0.5），满足聚合标准，因此，可以将团队成员评价的授权型领导数据聚合成团队层面数据，从而衡量团队层次的授权型领导构念。

3.5.2 信度和效度检验

3.5.2.1 信度检验

如表 3.1 所示，授权型领导、组织自尊、员工传统性和员工建设性越轨行为的 Cronbach's α 值分别为 0.891、0.867、0.878 和 0.855，均大于 0.7 的检验标准，表明量表信度良好。此外，这些变量的组合信度 CR 值分别为 0.872、0.843、0.836 和 0.827，均大于 0.6 的检验标准，再次表明量表信度良好。

表 3.1　　　　信度和效度分析结果

变量	Cronbach's α	组合信度 CR	聚合效度 AVE	AVE 的平方根
授权型领导	0.891	0.872	0.672	0.820
组织自尊	0.867	0.843	0.598	0.773
员工传统性	0.878	0.836	0.635	0.797
员工建设性越轨行为	0.855	0.827	0.567	0.753

3.5.2.2　效度检验

在内容效度方面，选取国外学者开发的成熟量表，采用“翻译—回译”双向翻译方式以保证中英文量表的内涵一致，在正式问卷调研之前，通过让企业员工的试填答和多次讨论等措施对量表的措辞进行适度修订，以符合中国员工的思维方式和中国文化语境，因此，量表具有较好的内容效度。

在聚合效度方面，通过平均方差提取量（Average Variance Extracted, AVE）来检验。授权型领导、组织自尊、员工传统性和员工建设性越轨行为的平均方差提取量 AVE 分别为 0.672、0.598、0.635 和 0.567，均大于 0.5 的检验标准（结果见表 3.1），表明题项能够反映各个变量的概念内涵，聚合效度良好。

在区分效度方面（结果见表 3.2），本书利用 Mplus 7.0 软件对授权型领导、组织自尊、员工传统性和员工建设性越轨行为四个变量进行验证性因子分析检验区分效度。四因子模型的拟合指标符合要求，$\chi^2/df = 2.963$，RMSEA = 0.048，SRMR = 0.056，TLI = 0.946，CFI = 0.953，表明授权型领导（EL）、组织自尊（OBSE）、员工传统性（T）和员工建设性越轨行为（CD）这四个变量具有良好的区分效度。另外，还可以根据变量 AVE 的平方根是否大于该变量与其他变量的相关系数来检验（标准：前者大于后者），由于各变量 AVE 的平方根均大于 0.7，分别为 0.820、0.773、0.797、0.753（结果见表 3.1），而各变量的相关系数均小于 0.55（结果见表 3.3，若采用授权型领导的未聚合数据与其他变量数据进行相关分析，此相关系数均小于 0.55），区分效度良好。

表 3.2　验证性因子分析结果

模型	χ^2/df	RMSEA	SRMR	TLI	CFI
单因子模型（EL + OBSE + T + CD）	13.451	0.193	0.209	0.334	0.352
二因子模型（EL、OBSE + T + CD）	8.145	0.142	0.172	0.642	0.631
三因子模型（EL、OBSE + T、CD）	6.723	0.124	0.142	0.765	0.746
四因子模型（EL、OBSE、T、CD）	2.963	0.048	0.056	0.946	0.953
五因子模型（EL、OBSE、T、CD、CMV）	2.957	0.044	0.053	0.947	0.953

3.5.3 共同方法偏差检验

在事前控制方面，本书对各变量的测量题目进行混编、采用部分反向题目形式，尽可能降低共同方法偏差对研究结果的影响。在事中控制方面，本研究分为两个时点收集数据，并采用领导下属两个评价主体，尽可能降低由样本数据收集过程导致的共同方法偏差问题。在事后控制方面，Harman 单因素检验发现，共同方法偏差不严重，就方差解释量来看：所有因子方差解释量的总值为 81.1%，而特征根最大因子的方差解释量为 29.7%，仅占总值的 36.7%（小于 50%）。

另外，在四因子模型基础上采用共同方法因子（CMV）构建五因子模型（结果见表 3.2），拟合指数为 $\chi^2/df = 2.957$，RMSEA = 0.044，SRMR = 0.053，TLI = 0.947，CFI = 0.953。五因子模型的拟合指标改善并不明显，表明共同方法偏差不严重，$\Delta\chi^2/df = -0.006$，ΔRMSEA = −0.004，ΔSRMR = −0.003，ΔTLI = 0.001，ΔCFI = 0。

3.5.4 相关分析

表 3.3 显示了个体层面和团队层面各变量的描述性统计分析结果，组织自尊与员工建设性越轨行为正相关（$r = 0.378$，$p < 0.01$）；员工传统性与员工建设性越轨行为负相关（$r = -0.292$，$p < 0.01$）。

表 3.3　描述性统计分析结果

变量	均值	标准差	1	2	3	4	5
个体层面							
1. 员工性别	1.379	0.423					
2. 员工年龄	1.778	0.569	0.043				
3. 员工学历	1.987	0.726	0.025	−0.078			
4. 组织自尊	3.352	0.672	0.053	0.041	0.072		
5. 员工传统性	3.721	0.821	0.032	−0.076	0.013	0.089	
6. 员工建设性越轨行为	3.368	0.824	−0.082	−0.046	0.025	0.378**	−0.292**

续表

变量	均值	标准差	1	2	3	4	5
团队层面							
1. 领导性别	1.259	0.321					
2. 领导年龄	1.965	0.478	0.035				
3. 领导学历	2.153	0.523	0.027	0.038			
4. 授权型领导	4.021	0.396	0.056	0.057	0.068		

注：* 表示 $p<0.05$；** 表示 $p<0.01$；*** 表示 $p<0.001$；下同。

3.5.5　假设检验

本书的变量之间存在嵌套结构，因此，需要采用跨层次模型检验假设。在进行跨层次检验时，首先需要判断数据是否适合进行跨层次分析，采用 Mplus 7.0 软件构建零模型计算结果变量员工建设性越轨行为的组内方差和组间方差，其组内方差（σ^2）为0.213、组间方差（τ_{00}）为0.365，总方差为0.578，ICC 为0.631，远大于0.059 的判定标准，表明员工建设性越轨行为在团队层次存在较大的变异，适合进行跨层次分析。

3.5.5.1　主效应和中介效应检验

由于变量之间存在跨层次结构，因此本书采用 Mplus 7.0 软件进行跨层次检验（结果见表 3.4）。模型 2 为主效应检验，授权型领导对员工建设性越轨行为具有显著正向影响（$\gamma_{01}=0.418$，$p<0.01$），假设 H1 得到验证。模型 1 表明授权型领导正向影响组织自尊（$\gamma_{01}=0.453$，$p<0.01$）；模型 3 表明组织自尊对员工建设性越轨行为产生显著正向影响（$\gamma_{10}=0.325$，$p<0.01$）；模型 4 将授权型领导与组织自尊同时引入回归方程时，授权型领导对员工建设性越轨行为的影响系数变小但仍显著（$\gamma_{01}=0.276$，$p<0.01$），假设 H2 得到支持，组织自尊起到部分中介作用。

表 3.4　　主效应和中介效应分析结果

变量	组织自尊	员工建设性越轨行为		
	模型 1	模型 2	模型 3	模型 4
员工性别	0.028	−0.043	−0.042	−0.028
员工年龄	0.036	−0.029	−0.021	−0.007
员工学历	0.039	0.011	0.015	0.011
领导性别	0.024	−0.021	−0.016	−0.003
领导年龄	0.013	0.009	0.005	0.008
领导学历	0.018	0.013	0.006	0.003
授权型领导（γ_{01}）	0.453**	0.418**		0.276**
组织自尊（γ_{10}）			0.325**	0.248**
截距项	2.368*	2.112*	3.162**	2.006*
组内方差（σ^2）	0.172	0.158	0.163	0.123
组间方差（τ_{00}）	0.396	0.463	0.324	0.407

注：* 表示 $p<0.05$；** 表示 $p<0.01$。

3.5.5.2　调节效应检验

本书运用 Mplus 7.0 软件检验员工传统性的调节作用，结果如表 3.5 所示。模型 2 显示组织自尊对员工建设性越轨行为产生正向影响（$\gamma_{10}=0.325$，$p<0.01$），模型 4 显示组织自尊与员工传统性的交互项系数为负且显著（$\gamma_{30}=-0.163$，$p<0.05$），假设 H3 得到支持，员工传统性起到负向调节作用。

表 3.5　　员工传统性的调节效应分析结果

变量	员工建设性越轨行为			
	模型 1	模型 2	模型 3	模型 4
员工性别	−0.056	−0.042	−0.040	−0.032
员工年龄	−0.023	−0.021	−0.023	−0.013
员工学历	0.016	0.015	0.010	0.003
领导性别	−0.013	−0.016	−0.011	−0.008
领导年龄	0.010	0.005	0.003	0.006
领导学历	0.011	0.006	0.004	0.005

续表

变量	员工建设性越轨行为			
	模型 1	模型 2	模型 3	模型 4
组织自尊（γ_{10}）		0.325 **	0.301 **	0.252 **
员工传统性（γ_{20}）			-0.258 **	-0.202 **
组织自尊 × 员工传统性（γ_{30}）				-0.163 *
截距项（γ_{00}）	2.486 *	3.162 **	3.365 **	3.672 **
组内方差（σ^2）	0.068	0.163	0.173	0.189
组间方差（τ_{00}）	0.035	0.324	0.356	0.435

注：* 表示 $p < 0.05$；** 表示 $p < 0.01$。

员工传统性的调节效应图如图 3.2 所示，员工传统性较高时（高于均值一个标准差），调节效应系数不显著（$\beta = 0.089$，$p > 0.05$）；员工传统性较低时（低于均值一个标准差），调节效应系数显著（$\beta = 0.415$，$p < 0.05$），表明较高的员工传统性极大地削弱了组织自尊对员工建设性越轨行为的积极影响，即员工传统性起到负向调节作用。

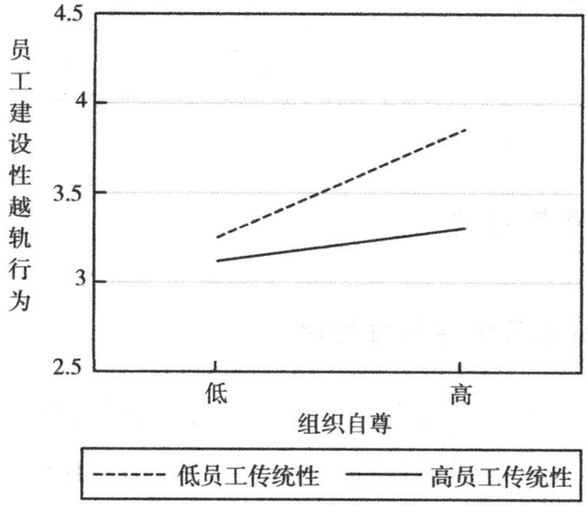

图 3.2　员工传统性的调节效应图

3.5.5.3　被调节的中介效应检验

采用 Mplus 7.0 和 R 软件检验此部分假设，首先采用 Mplus 7.0 软件分别计算员工传统性在正负一个标准差情况下的条件间接效应系数，然后再采用R软件估计置信区间。由于Mplus软件采用的重新抽样自助法（re-sampling－based bootstrapping）估计置信区间无法实现对跨层次数据的bootstrap检验，因此本书借助R软件采用蒙特卡罗模拟的参数自助法（parameter－based bootstrapping）估计置信区间。具体而言，把均值当作参数估计值，把标准误差当作参数估计值的标准偏差，然后对Mplus估计的参数运用R软件采用蒙特卡罗模拟的参数自助法计算得出置信区间，从而对被调节的中介效应进行显著性检验。结果如表3.6所示，员工传统性较高时，组织自尊在授权型领导与员工建设性越轨行为之间的中介作用不再显著，条件间接效应为0.025，95%置信区间为［－0.043，0.245］，包含0；员工传统性水平较低时，组织自尊的中介作用显著，条件间接效应为0.186，95%的置信区间为［0.074，0.286］，不包含0，H4成立。

表3.6　被中介的调节效应检验结果

员工传统性	条件间接效应系数	标准误	95%置信区间	
			下限	上限
高水平	0.025	0.036	－0.043	0.245
低水平	0.186	0.047	0.074	0.286
差值	－0.161	0.029	－0.203	－0.089

3.5.6　稳健性检验

3.5.6.1　中介效应的稳健性检验

Mplus软件不适合对跨层次模型采用重新抽样自助法（re－sampling－based bootstrapping）估计置信区间，因此本书基于Mplus 7.0软件计算得到的参数，运用R软件的蒙特卡罗模拟的参数自助法（parameter－based bootstrapping）检验中介效应的稳健性（见表3.7）。组织自尊的间接效应为0.185，95%置信区间为［0.092，0.273］，不包含0；直接效应为0.211，95%置信区间为［0.065，0.315］，不包含0，表明组织自尊在授权型领导与员工建设性越轨行为之间起到部分中介作用，假设H2再次得到验证。

表 3.7　中介效应的稳健性检验结果

变量	检验类型	系数	标准误	95%置信区间	
				下限	上限
组织自尊	间接效应	0.185	0.073	0.092	0.273
	直接效应	0.211	0.091	0.065	0.315

3.5.6.2　调节效应的稳健性检验

尽管本书的调节效应检验涉及的核心变量都是个体层次变量，但是表3.5在进行统计分析时，控制变量涉及领导的性别、年龄和学历，这些控制变量属于团队层次变量，因此本书仍然基于Mplus软件计算得到的参数，借助R软件的参数自助法检验调节效应的稳健性（见表3.8）。员工传统性较高时（高于均值一个标准差），组织自尊对员工建设性越轨行为的影响效应不显著，其值为0.073，95%置信区间为［-0.079，0.321］，包含0；员工传统性较低时（低于均值一个标准差），组织自尊对员工建设性越轨行为的影响效应显著，其值为0.388，95%置信区间为［0.102，0.345］，不包含0；而且高低差值对应的影响效应显著，其值为-0.315，95%置信区间为［-0.267，-0.102］，不包含0，表明员工传统性起到负向调节作用，假设H3再次得到验证。

表 3.8　调节效应的稳健性检验结果

员工传统性	系数	标准误	95%置信区间	
			低值	高值
高水平	0.073	0.027	-0.079	0.321
低水平	0.388	0.059	0.102	0.345
差值	-0.315	0.038	-0.267	-0.102

3.5.6.3　被调节的中介效应的稳健性检验

本书通过调节变量取高值和低值时的条件间接效应差值的显著性做出判断，如果条件间接效应差值的置信区间不包含0，则表明被调节的中介效应显著。由表3.6可知，高、低员工传统性下条件间接效应系数的差异值为

-0.161，95%置信区间为[-0.203，-0.089]，不包含0，表明被调节的中介效应显著，假设H4得到验证。

3.6 结果与讨论

本书通过对85套领导版和配对的383份员工版的调研数据进行统计分析，得出如下研究结论。

(1) 授权型领导能够激发员工建设性越轨行为

资源保存理论指出，资源的损耗无法获得相应回报会给个体带来巨大压力，当压力无法得到释放时，员工会做出减少自身资源损耗、保存现有资源的工作行为（Hobfoll，2011）。员工建设性越轨行为打破了既定的组织规则，挑战了领导的权威和地位，属于具有一定风险的试错行为，面临着遭受组织惩罚和潜在失败产生的风险压力，这些压力加快了员工现有资源的损耗，当资源损耗超过员工承受范围时，员工便会放弃做出此行为（王艳子和赵秀秀，2020）。从资源保存理论的角度解释，员工之所以不愿实施建设性越轨行为，主要是担忧建设性越轨行为存在的潜在差错可能引发组织的惩罚性措施，造成工作资源的损失。授权型领导营造的支持性的工作环境不仅给予员工工具性资源需求，而且满足了员工的社会情感性资源需求，使得员工从心理上体验到在组织中工作的安全感。授权型领导下放权力给员工，给予员工更多的决策权，这些行为会增加员工的工作资源，使得员工对工作的控制感和影响力增强，降低了员工对工作结果不确定性和风险的评估（Kim、Beehr和Prewett，2018）。由于不必担心工作资源遭受损失，员工进而敢于冒险做出对组织有利的建设性越轨行为。

(2) 授权型领导通过提升员工的组织自尊水平激发员工做出建设性越轨行为

授权型领导满足了员工对权力感的内在需求，增强了员工对工作的控制感，通过强调员工的自我领导，鼓励员工自我成长和发展，有助于提升员工的组织自尊水平（Kim和Beehr，2018b）。组织自尊较高的员工认为自己对组织有着较大的影响力，他们有着较强的主人翁意识，这种积极的心理认知资源有利于减少员工的情绪耗竭，激励员工不断努力工作、抓住各种机会贡献自己的价值，同时增强了员工面对挫折的韧性，避免员工浪费个人精力处理内疚、羞愧等负面情绪（Lapointe、Vandenberghe 和 Panaccio，2011），从而有助于员工做出有利于组织的建设性越轨行为来彰显自身对组织的重要价值。

（3）员工传统性负向调节组织自尊与员工建设性越轨行为的关系，同时负向调节组织自尊的中介效应

高传统性员工遵从社会期许的角色职责和义务，认为自己所拥有的工作资源较少，不敢承担风险，选择安于现状、拒绝改变，倾向于追求工作中的安全感，往往会采取措施避免个人工作资源受损（Zhao 和 Liu，2020），他们不关注企业如何对待自己，有着非常强烈的对集体忠诚、不犯上不越矩的观念（刘小禹、刘军和关浩光，2012），因此，他们不容易被组织自尊水平的提升所打动而产生建设性越轨行为，员工较高的传统性会削弱组织自尊的中介作用。相反，低传统性员工获取新资源的能力和动机较强，不怕在工作中犯错，敢于冒险打破不合时宜的组织规则，不担心潜在失败对自身形象、地位等资源造成的损失（王艳子和田雅楠，2019），组织自尊水平较高的员工同时具有较低的传统性时，他们更容易做出建设性越轨行为。

3.7 理论贡献与管理启示

3.7.1 理论贡献

（1）拓展了激发员工建设性越轨行为的领导风格类型

基于领导风格视角的员工建设性越轨行为激发机理方面，现有为数不多的研究主要聚焦于自我牺牲型领导（王艳子和王聪荣，2020）、包容型领导（王艳子和田雅楠，2019）、差序式领导（赵金金，2019）和谦卑型领导（王艳子和张莉，2018），研究框架构建的基础主要是主动动机理论（Parker、Bindl 和 Strauss，2010）。然而，作为企业应对快速变化的外部环境的

有效管理策略，领导授权赋能行为给予员工较高的工作自主权，有助于员工打破不合时宜的组织规则，进而做出建设性越轨行为。目前，鲜有学者探究授权型领导对员工建设性越轨行为的激发机理，本书基于资源保存理论，探讨它们两者间的作用机理，拓展了激发员工建设性越轨行为的领导风格类型。

（2）揭示了授权型领导对员工建设性越轨行为的影响机制

现有研究将组织自尊作为授权型领导与员工建设性越轨行为之间的中介变量研究较少（Lee、Willis 和 Tian，2018）。本书基于资源保存理论，引入组织自尊作为中介变量表征授权型领导引致的员工心理资源的增加，旨在拓展授权型领导与员工建设性越轨行为的中介机制研究，以便于厘清它们两者间内在作用关系的“黑箱”。组织自尊表征了员工“愿不愿”实施建设性越轨行为，同时也要重视员工“敢不敢”实施建设性越轨行为。员工传统性反映了员工“敢不敢”实施建设性越轨行为的个体差异，本书基于资源保存理论，引入员工传统性作为调节变量表征员工对心理资源损耗的忧虑和恐惧，探究员工传统性在组织自尊与员工建设性越轨行为之间的边界效应以及对组织自尊中介效应的调节作用，丰富了现有的相关理论。

3.7.2 管理启示

（1）领导者要提升授权赋能行为的有效性

领导要给予员工较大的工作自主权，鼓励员工采取新方法来灵活处理工作中遇到的问题；鼓励员工参与决策制定，并对不同意见持开放态度，使其在完成工作时体验到更多的快乐经历；鼓励员工挑战组织现状、敢于提出新的见解和探索新的认知路径；清晰表达对员工能够完成任务的高度期望，并认可他们的贡献和出色表现，加强对员工的积极反馈；给予员工更多的信任和资源，帮助员工分析工作重点、排除工作障碍，提高员工的心理安全感，让他们集中精力在关键价值活动上。另外，企业在甄选管理人员时要重点考察领导者的授权能力，在领导者培训方面要定期开展领导力开发，不断提升领导者授权赋能行为的有效性。

（2）领导者应通过授权行为提升员工的组织自尊水平，进而激发员工做出建设性越轨行为

领导者要给予员工更多的工作自主权和决策参与权，乐于接受员工意见，让员工承担更多的复杂性工作来发掘员工潜力，让员工感知到领导对他们的认可和重视，这有助于员工对自我能力和自我价值的积极评价，进而提升他们的组织自尊水平。另外，企业可以为员工提供较好的福利待遇，为员工进行良好的职业生涯规划，让员工感受到来自企业的重视，进而提升员工的组织自尊水平。员工的组织自尊不断得到提升，并能够保持正面的自我认知，不断用积极的方式来激励自我，这将极大地提升员工建设性越轨行为，进而促进企业良性发展。

（3）领导者应根据员工不同的传统性特征选取多样化的管理策略

在日常工作中，领导者要鼓励员工敢于质疑、勇于探索，通过营造开放和容错的团队工作氛围增强员工的心理安全感，让不同传统性特征的员工在实施建设性越轨行为时都可以免除后顾之忧。针对低传统性员工而言，领导者要给予更多的工作自主权和控制权，鼓励他们积极参与决策，共享重要的工作信息，从而为员工创造更多的实施建设性越轨行为的机会。针对高传统性员工而言，领导者可以授权他们负责从事一些创造性要求较低的工作，同时为他们提供必要的绩效辅导和技能培训等机会，增强他们挑战风险和从事复杂工作的自我效能感，进而提升他们实施建设性越轨行为的意愿和能力。

3.8　研究不足与展望

本书已取得一定研究成果，但在研究内容和研究模型构建方面仍然值得进一步探讨。

（1）授权型领导对员工建设性越轨行为的“双刃剑”效应

主流观点认为授权型领导具有积极效应，但是最近也有学者认为授权型领导可能存在“双刃剑”效应，不仅能够激发员工工作动机，同时也会增加员工工作压力，进而对员工工作绩效带来正面和负面两种差异化的“双刃剑”影响效果（Cheong、Spain 和 Yammarino 等，2016；林美珍和罗忠恒，

2017）。因此，授权型领导对员工建设性越轨行为是否也存在类似的“双刃剑”效应有待进一步探究。

（2）授权型领导对员工建设性越轨行为的非线性影响效应（即“倒U型”关系）

近期的研究表明，授权型领导与员工任务绩效之间存在非线性关系，即“过犹不及”的效应，领导只有适度授权才能发挥有效作用（Cheong、Yammarino和Dionne等，2019；Lee、Cheong和Kim等，2017；尹奎、邢璐和汪佳，2016）。事实上，越来越多的研究表明，变量之间存在的非线性影响效应更符合客观实践。领导要根据下属成熟度把握好授权的幅度和范围，既不能授权幅度过小导致员工权责利不对等，也不能授权幅度过大超过了员工的能力范围，领导只有根据员工特征进行适度授权才能提升员工的工作效能。因此，授权型领导对员工建设性越轨行为是否也存在类似的非线性影响效应有待进一步探究。

（3）研究模型、中介作用机制等方面尚有探讨空间

本书的研究模型不足以囊括员工建设性越轨行为形成机制的全部要素，根据帕克、宾德尔和施特劳斯（Parker、Bindl和Strauss，2010）提出的主动动机模型理论，员工建设性越轨行为作为一种主动行为，该主动动机模型提出的影响员工主动行为的诸多要素也适用于员工建设性越轨行为。例如，个体层次的员工调节焦点、主动型人格和目标导向等因素，领导层次的变革型领导、伦理型领导等因素，组织层次的组织公平、组织支持、组织差错管理氛围等因素，未来可以探讨其他一些个体、领导、组织因素对员工建设性越轨行为的交互作用机理。另外，在开展跨层次研究时，在中介作用机制方面，可以考虑心理所有权、心理资本、心理授权、心理安全感、内部人身份认知、组织认同、组织承诺、工作投入等变量的中介作用；在调节作用机制方面，可以考虑组织地位感知、不确定性规避、权力距离、集体主义价值观等变量的调节作用。

第 4 章

员工建设性越轨行为对职场排斥的影响机制

4.1 问题提出

尽管授权型领导通过下放权力给员工、让员工参与决策、表达对员工能力的信任、给予员工建设性的反馈和指导等行为体现出领导对员工实施建设性越轨行为的鼓励和支持（王艳子和朱湘玲，2021），从而让员工摆脱了由于建设性越轨行为挑战了领导的权威和地位而可能遭到领导打击、报复等职场排斥行为的担忧，然而员工也要意识到建设性越轨行为打破了同事正常的组织生活进而可能遭受到同事的职场排斥（Warren，2019）。职场排斥作为一种“职场冷暴力”，在工作场所普遍存在，例如，工作努力、业绩突出却遭同事孤立和冷眼，“枪打出头鸟”“木秀于林、风必摧之”便是对这种现象的生动描述。员工建设性越轨行为在促进组织变革和创新的同时打破了同事按部就班的工作方式，并表现出远高于同事的工作能力，容易遭受同事的愤怒和嫉妒心理，从社会认同理论（Tajfel 和 Turner，1986）的视角进行分析，该行为实施者容易被同事看作是“异类”，难以获得同事的认同，并被排斥在他们的“圈子”之外（Zheng、Qin 和 Liu 等，2019）。因此，本书基于社会认同理论，将员工建设性越轨行为作为职场排斥的诱发因素，探究如何有效降低员工建设性越轨行为导致的职场排斥现象。

组织是一个内在的竞技场，为了在组织中获得成功，个体必须采取一定的政治策略来说服、影响他人，学者们将这种说服并影响他人的能力称为政治技能（Ferris、Treadway 和 Kolodinsky 等，2005）。政治技能较高的员工在工作中注重人际关系网络的搭建和维护，他们在实施建设性越轨行为时，能够通过敏锐的人际洞察力意识到该行为对同事正常工作产生的影响，事先采取有效的人际影响策略获得同事对建设性越轨行为的理解和认可，在日常工作中通过在同事面前表现出真诚的品质使得同事相信建设性越轨行为从长远来看并不会给他们带来不利影响，反而促进了组织和个人的发展（Brouer、Badaway 和 Gallagher 等，2015）。根据社会认同理论，政治技能较高的员工在实施建设性越轨行为时，采取的一系列有效的人际策略能够获得同事的认同、理解和信任，进而降低员工在职场中被边缘化的可能性（薛亦伦、张骁和丁雪等，2016）。鉴于此，本书基于社会认同理论，探究员工政治技能在降低建设性越轨行为可能引发的职场排斥现象方面发挥的调节作用。

需要注意的是，仅探究员工政治技能在建设性越轨行为与职场排斥之间的调节作用不足以解释员工政治技能的调节作用机理，还需要进一步厘清员工政治技能是通过何种作用机制来有效削弱建设性越轨行为引发的职场排斥现象。员工通过恰当的政治技能策略在职场中形成的友谊关系是揭示员工政治技能调节作用机理的有效途径。职场友谊作为组织中满足员工情感性的归属需求和功利性的动机需求的非正式人际关系，其在工作场所扮演着重要作用（Colbert、Bono 和 Purvanova，2016）。以往研究多集中于以工作角色为纽带形成的组织中的正式关系（如上下级关系、师徒制关系），而忽视了对以个人行为为纽带、自愿形成的职场友谊这种非正式关系的研究（刘凤香，2013）。员工在实施建设性越轨行为的过程中，职场友谊对增强同事的社会认同进而降低来自同事的职场排斥同样具有至关重要的作用，考虑到职场友谊的积极影响，本书将职场友谊纳入研究框架，基于社会认同理论，探讨其在建设性越轨行为与职场排斥之间的调节作用。另外，员工较高的政治技能能够提升职场友谊，而职场友谊能够帮助员工从同事那里获得更多的情感性支持和工具性资源，获得同事的社会认同和支持（刘蒙、刘永仁和宋璐璐，2014），从而降低建设性越轨行为引发的职场排斥现象。因此，本书基于社会认同理论，探究职场友谊对员工政治技能在建设性越轨行为与职场排斥之间调节效应的中介作用，即被中介的调节作用。

4.2　研究假设

4.2.1　员工建设性越轨行为与职场排斥

职场排斥是指员工在工作中知觉到的来自同事的忽视或拒绝，也被称为职场“冷暴力”，该现象普遍存在于组织之中（Ferris、Brown 和 Berry 等，2008），是一种隐性的社会侵害行为，相对比较间接和模糊，如故意截留或拒绝提供有用的信息、漠视当事人、避免交谈或眼神交流等（Harvey、Moeller 和 Kiessling 等，2018）。已有研究表明，喜欢违反规章制度、威胁他人自我概念的员工更易遭遇职场排斥（Scott 和 Duffy，2015）；创造力较高的员工也更容易产生社会排斥感（Breidenthal、Liu 和 Mao 等，2016）。由于员工建设性越轨行为不仅违背了组织规则，而且表现出较高的创造性，因此，可以推断员工建设性越轨行为也极易引发同事的职场排斥。

社会认同理论指出，个体通过社会分类和社会比较，对自己所属的群体产生认同感，而对外群体成员产生偏见（Tajfel 和 Turner，1986）。可见，在职场中是否受到排斥取决于个体能否被其他同事归属到同一群体。频繁实施建设性越轨行为的员工往往被认为具有较高的认知能力和创新能力，极易成为组织中的明星员工，会让其他同事显得尴尬、无能，这可能引发同事的地位威胁感知（陈伍洋、叶茂林和陈宇帅等，2017），威胁感知的难以忍受以及情绪上的害怕、焦虑、厌恶均会导致针对威胁感知来源的个体的侵害行为（Zhang、Chan 和 Zhong 等，2016）。根据社会认同理论，当同事感知到源自做出较多建设性越轨行为的员工的地位威胁时，该行为实施者很难获得其他同事的社会认同，其他同事会通过施加个人影响从而降低这种威胁感知。出于维护个人形象的需求、避免道德及行为上的谴责以及违反组织规定，感知到地位威胁的同事可能较少采取显性的侵害行为，作为一种职场“冷暴力”，职场排斥不易被组织发觉，却可以造成较高的破坏性（Quade、Greenbaum 和 Pettrenko，2017）。雷恩、特罗斯特和范奎贝克（Reh、Tröster 和 van Quaquebeke，2018）的研究也发现，当个体觉得自己的能力不如同事时，会引发地位威胁感知和嫉妒情绪，进而可能产生针对同事的隐性侵害行为。因此，当积极实施建设性越轨行为的员工引发同事的威胁感知时，他们往往会遭受到其他同事隐性的职场排斥行为。

另外，尽管是出于促进组织变革和创新的利组织动机，但员工建设性越轨行为意味着超出了组织对员工的岗位职责要求，往往会偏离同事的期望，并给同事施加了社会影响，打破了同事稳定的工作环境和工作方式，给同事的正常工作带来了许多不必要的困扰，增加了同事工作结果的不确定性（Vadera、Pratt 和 Mishra，2013）。根据社会认同理论，员工实施建设性越轨行为对同事产生的这些不利影响均会降低同事对行为实施者的社会认同，在这种情况下，同事会对建设性越轨行为所带来的改变采取抵制态度，行为实施者更容易受到同事的排斥疏远（Warren，2019）。

假设 H5：员工建设性越轨行为对职场排斥产生正向影响

4.2.2 员工政治技能的调节作用

职场排斥作为一种“冷暴力”，其会对个体的心理及生理健康造成不良影响（Mao、Liu 和 Jiang 等，2018），因此，如何有效降低职场排斥是本书拟解决的关键问题。一般而言，个体倾向于和自己所在群体内的成员维持和谐的人际关系，因此，在工作场合往往会考虑自己的行为是否能获得同事的好感。斯科特和达菲（Scott 和 Duffy，2015）的研究表明，员工的意见与同事的意见不一致，就需要面临和同事对立的风险，可能造成同事对自己的消极评价，甚至被视作不愿意合作进而招致职场排斥。员工政治技能是个体能够有效理解和影响他人，从而帮助个体实现目标的能力（Ferris、Treadway 和 Kolodinsky 等，2005）。高政治技能员工对工作场所、工作情况及同事有着深入了解，基于这种了解和判断，他们善于根据场景选择最合适的行为方式，进而提升人际关系的有效性（Maher、Gallagher 和 Rossi，2018）。根据社会认同理论，相比低政治技能员工而言，高政治技能员工能够更好地处理和适应职场人际关系，在职场中更容易获得同事的理解和支持，并被同事归为同一群体，进而有效降低建设性越轨行为引发的职场排斥现象。

首先，高政治技能员工具有较高的社交机敏性，他们对社会互动规则有着深入的了解，往往能够更好地感知和洞察周围人的心理反应和行为期望，并根据不同社会情境来灵活调整自身行为，进而获得他人接纳和认同（Munyon、Summers 和 Thompson 等，2015）。高政治技能员工凭借较高的社交机敏性，能够及时感知和洞察到建设性越轨行为可能对同事产生的负面影响，进而采取相应的措施，如在估计同事心理和接受度的情况下做出适宜的建设性越轨行为，或通过说服、协商等方式明确建设性越轨行为给个体和组织带来的积极影响，降低同事产生地位威胁和不确定性的心理压力（Wu、Yim 和 Kwan 等，2012），从而削弱了建设性越轨行为可能引发的职场排斥现象。

其次，高政治技能员工具有较高的网络能力，重视掌握和控制对个人发展至关重要的网络资源，他们在职场上建立了广泛的人际关系网络，与同事形成了良好的私人关系，在人际互动中能够考虑到同事的感受、面子和尊严，更容易获得同事的认同和支持，从而降低在组织中被边缘化的可能性（Bentley、Treadway 和 Williams 等，2017）。高政治技能员工在实施建设性越轨行为的过程中，巧妙地凭借良好的网络能力，拥有更多与他人接触、沟通和合作的机会，主动向同事传达自己维护组织利益的努力，从而获得同事认同（Kimura，2015），大大降低了实施建设性越轨行为导致的潜在人际冲突，减少了遭受职场排斥的可能性。类似的研究发现，具有创造力的员工更容易引发职场排斥，个体社交网络能力在它们两者间起到负向调节作用（Zhang、Chan 和 Zhong 等，2016）。

再次，高政治技能员工在人际互动中比较真诚，从而激发同事的理解和信任，最终获得同事的支持和认可（Zhao 和 Xia，2017），避免了员工在实施建设性越轨行为时被视作一个“外部表演者”，并给他人造成一种优越感和威胁感从而遭到同事的排斥（Wihler、Blickle 和 Ellen，2017）。真诚的表现还可以帮助个体隐藏其利己的动机，使他人产生更多的共鸣（Bing、Davison 和 Minor 等，2011），高政治技能员工在实施建设性越轨行为过程中，能够以真诚、友善的方式，清晰、准确地展示自己的创新性想法，让同事感知到自己的诚意与正直，消除掉同事的戒心，获得同事的认同、理解和支持（吴论文和杨付，2019），进而降低因实施建设性越轨行为而遭受职场排斥的可能性。

最后，高政治技能员工利用较高的人际影响力，可以获得更多的社会资源，增加个体的社会资本存量，并通过呼吁、告知等方式有效地影响同事的意见和态度（Wei、Chiang 和 Wu，2012），促进同事对建设性越轨行为的肯定和认可，而不易受到同事的排斥。另外，具有较高人际影响力的员工往往在工作场所有着较高的声望，能够融入不同的群体，在同事中具有较高的号召力，在工作场所的能力和品格往往容易获得同事认可（Dana、Zboja 和 Ferris，2012）。因此，同事相信具有较高人际影响力的员工所实施的建设性越轨行为并不会对他们产生不利影响，是进行组织变革以维持组织独特性的必要手段，此时该行为的实施者也不容易遭受职场排斥。

假设 H6：员工政治技能削弱了建设性越轨行为对职场排斥的正向影响

4.2.3 职场友谊对员工政治技能调节效应的中介作用

职场友谊是同事之间自愿发展起来的人际互动关系，具有互助、互爱、互信等特征，表现出资源共享和利益共享等行为，不仅能够满足个体的情感性需求，还可以满足员工的功利性动机需求（张晓舟，2014）。政治技能较高的员工能够以灵活有效的方式拉近同事之间的关系并迅速建立起良好的职场友谊（Munyon、Summers 和 Thompson 等，2015）。

高政治技能员工善于在人际互动中主动采用有效策略，以获得同事的积极感知和评价，从而享有良好的个人声誉，更受同事喜爱（Cullen、Fan 和 Liu，2014）。根据社会认同理论，个体在同事心目中建立的良好形象有助于其在职场内发展友谊关系。首先，高政治技能员工拥有较高的社交机敏性，能够迅速解读社会线索和了解周围的人与事，根据不同形势快速、准确地理解他人的心理和情绪反应，并据此改变自己的行为策略，灵活处理人际关系，从而赢得他人好感、建立良好声誉（Blickle、Schneider 和 Liu 等，2011），个体良好的声誉是与他人建立职场友谊的关键。其次，高政治技能员工具有较高的网络能力，擅长建立可靠、友好的人际网络关系，他们有更多的机会与他人沟通合作，进而与同事建立起各种联系（Wei、Chiang 和 Wu，2012），主动抓住建立友谊的各种机会，及时地提供情感性或工具性的支持，这种关心和支持正是亲密的职场友谊关系建立的关键驱动因素

（Wihler、Blickle 和 Ellen，2017）。再次，高政治技能员工在同事面前表现得比较真诚和正直，他们会主动自我披露、分享个人的内心想法和情感，对个人内心想法和情感的互惠分享能够增强社会情感的亲密度，改变同事对自己的看法，容易获得同事的信任（Gallagher、Meurs 和 Harris，2016），在人际交往中获得他人信赖是与他人建立友谊的关键要素（Pillemer 和 Rothbard，2018；高婧、龙丹兰和绳鸿燕，2018）。最后，高政治技能员工懂得如何依托人际影响进行印象构建，采用恰当的方式向同事推销自己的想法和理念，从而获得他人的信任和肯定，在职场中给同事留下良好的印象（Brouer、Badaway 和 Gallagher 等，2015）。在别人心中构建良好的印象，对于员工在职场中收获友谊有着重要意义（Rumens，2016）。

假设 H7：员工政治技能对职场友谊产生正向影响

职场友谊并不是建立在纯粹的经济利益模式基础之上，而是一种基于信任、支持和互惠的积极双向的情感关系，具有更加亲密和稳定的性质，高质量的职场友谊对彼此存在的分歧具有更高的包容性和容忍度，愿意给同事提供情感性和工具性支持，帮助他人达成目标（Methot、Lepine 和 Podsakoff 等，2016）。职场友谊是健康、支持型工作氛围的重要组成部分，能够有效降低建设性越轨行为引发的职场排斥现象。根据社会认同理论，当某人不被他人认同和接纳，被纳入外部群体时，职场排斥就极易产生（Reh、Tröster 和 van Quaquebeke，2018）。职场友谊可以使得员工之间的相处变得尊重、信任和有活力，组织内也能形成一种团结协助的组织氛围，员工之间产生更多的互助行为（孙建敏和焦海涛，2012）。当个人在职场中和同事建立起了职场友谊时，他们就有更多的机会获取与工作相关的各种资源和社会支持，这可以让他们对工作的完成方式有更多的选择权和自主权，从而可以更富有创造性地完成工作（Methot、Lepine 和 Podsakoff 等，2016）。而且，职场友谊能够带来同事之间的互相信任等积极的情感资源，个体不需要把精力花费在解决信任危机、保护自己的利益不受损害等问题上，个体更可能全身心投入工作中（Khaleel、Chelliah 和 Khalid 等，2016）。实施建设性越轨行为可能会打破既有的利益格局，引发同事之间的冲突，但是较高的职场友谊不仅促使员工彼此之间乐于分享信息和自由地讨论问题，获得同事更多的支持和帮助（尹奎、孙健敏和刘永仁等，2015），而且职场友谊加强了彼此间的理解、关爱、认可，降低了对他人的社会威胁感知，能够有效降低冲突（Chung、Lount 和 Park 等，2018），因此友好互助的职场关系降低了员工因实施建设性越轨行为可能引发的职场排斥。此外，员工实施建设性越轨行为意味着相较于其他同事，行为实施者具有较高的工作能力和创造性，这会引发同事的嫉妒情绪，但是较高的职场友谊可以削弱职场嫉妒的影响，反而让“妒能”变成“赋能”，将嫉妒的对象变为学习的对象（Lee 和 Duffy，2019；姚柱和张显春，2020），这在一定程度上也极大地减少了员工建设性越轨行为引发的职场排斥。相反，若同事之间的职场友谊单薄或存在矛盾冲突，彼此互助、互爱和互信的可能性会极大地降低（王伟、于吉萍和张善良，2019），这会进一步加剧员工建设性越轨行为可能引发的职场排斥现象。综上可知，职场友谊可以通过建立亲密、互助的人际关系，获得更多的同事支持来降低建设性越轨行为可能引发的职场排斥。

假设 H8：职场友谊削弱了员工建设性越轨行为对职场排斥的正向影响

综合假设 H6、假设 H7 和假设 H8，本书认为职场友谊中介了员工政治技能在建设性越轨行为与职场排斥之间的调节效应，即高政治技能员工通过建立较高的职场友谊对建设性越轨行为与职场排斥之间的关系起到调节作用。具体而言，高政治技能员工知道如何和同事更好地相处，能够敏锐地洞察自身行为对同事产生的影响，擅长建立广泛的社交网络，表现得高度真诚，通过潜移默化的方式对同事产生强大的人际影响，更容易与同事建立亲密的职场友谊关系，较少受到人际关系对工作的干扰（Cullen、Gerbasi 和 Chrobot-Mason，2018），使同事对个体的行为意图和动机产生良好预期，容易获得同事的支持和帮助，使得同事更乐意与自己共事，在恰当的时机，采用正确有效的方式尽可能降低建设性越轨行为对同事产生的威胁感知和嫉妒情绪（Zheng、Qin 和 Liu 等，2019），从而避免自己受到职场排斥。

假设 H9：职场友谊中介了员工政治技能对建设性越轨行为与职场排斥关系间的调节效应

根据假设推理，本研究的理论模型如图 4.1 所示。

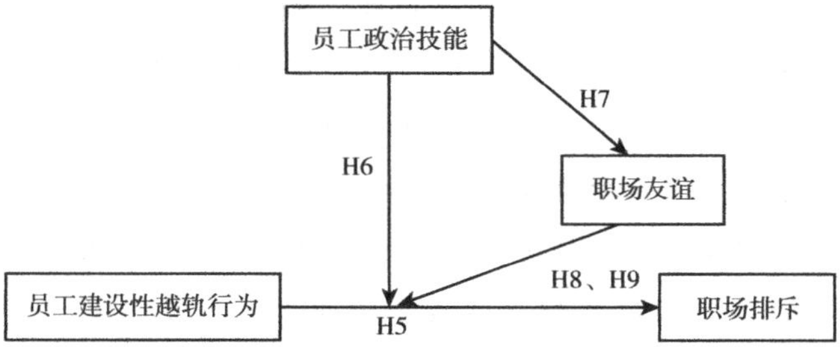

图 4.1　员工建设性越轨行为的影响效果模型

4.3　研究样本

本章调研样本的收集方法和程序与第 3 章类似，不同之处是重新收集调研样本来检验研究假设，即本章的调研样本与第 3 章的调研样本是分别独立收集，而非采用同一调研样本。之所以需要重新收集样本，是因为本章的自变量是员工建设性越轨行为，从变量之间的因果关系考虑，若采用两个时点收集数据以及采用领导和员工两个评价主体，则本研究需要在第一个时点先由领导对员工建设性越轨行为进行评价，在第二个时点再由员工对政治技能、职场友谊和职场排斥进行评价。可见，本章调研样本的收集顺序与第 3 章调研样本的收集顺序正好相反，因此，采用两个时点、两个评价主体的方法收集数据不适合将第 3 章和第 4 章的样本同时进行收集，鉴于此，我们重新收集样本数据来检验研究假设。

本章以山西、北京、重庆、广东等地区的制造型企业和高科技企业的领导和员工为主要调查对象，为降低同源方法偏差，采用领导和员工两个不同的评价主体，设计了领导版和员工版两套调查问卷，同时考虑到领导和员工同时填答问卷时，避免因相互有所顾忌而影响填答效果，我们采用两个时点（间隔时间 1 个月）收集领导员工配对数据，配对比例预设为 1∶5，采用“领导和员工的姓名首字母简写 + 手机号码后四位”的方式进行配对。在第一个时点，由调研企业的联络人（主要是笔者指导的 MBA 学生和朋友）发放 110 套领导版调查问卷，由领导评价 5 位直接下属的建设性越轨行为。该

110 位领导共计填答 550 份员工建设性越轨行为调查问卷。在第二个时点（间隔 1 个月），再由调研企业联络人发放对应的 550 份员工版调查问卷，由员工对政治技能、职场友谊、职场排斥和员工的人口统计学特征进行评价。考虑到问卷由联络人委托发放，为降低问卷收集难度，两个时点均按照预先确定的调研对象发放 550 份问卷，最后统一回收联络人在两个时点收集的问卷。经检查发现，第一时点共收集到 492 份有效样本，有效回收率为 89.5%，第二时点共收集到 508 份有效样本，有效回收率为 92.4%。删减掉两个时点无法配对的问卷后，获得 456 份有效配对员工样本。在员工样本中，男性占 58.6%；31～40 岁占 42.5%，30 岁及以下和 41 岁及以上分别占 25.1%、32.4%；本科占 56.7%，大专和硕士及以上分别占 23.6%、19.7%。

需要指出的是，本章不涉及领导层面变量的数据统计分析，仅是通过领导和员工两个评价主体避免数据来源主体同一性导致的同源偏差现象，因此不需要统计领导的人口统计学特征。

4.4 研究量表

我们采用国外成熟量表，通过翻译—回译程序、企业员工的试填答和多次讨论等形式对量表的措辞进行修订，尽可能使题项表达避免歧义、符合中国员工的思维模式和中国文化语境，量表采用 Likert 五点计分法。

（1）员工建设性越轨行为

采用加尔珀兰（Galperin，2012）的量表，包括组织导向的建设性越轨行为（5 个题目）和人际导向的建设性越轨行为（4 个题目）两个维度，示例题目为“为了解决工作问题，该员工会调整不合理的组织程序”“为了更有效地完成工作，有时该员工不会按照主管的指示去做”。

(2) 员工政治技能

采用费里斯、伯克森和卡普兰等学者（Ferris、Berkson 和 Kaplan，1999）开发的单维度量表，包括 6 个题目，示例题目为“我很善于让大家积极响应我”“我尽力去寻找与别人的共同点”。该量表的在后续的诸多实证研究中也得到了验证，例如，阿何恩、费里斯和霍奇瓦特等学者（Ahearn、

Ferris 和 Hochwarter 等，2004）在关于领导政治技能与团队绩效的关系研究中便采用了该量表。由于该量表是单维度量表，在实际使用中较为方便，因此，国内外学者在将员工政治技能作为调节变量的相关实证研究中被广泛采用。

（3）职场友谊

职场友谊包括友谊机会和友谊质量两个维度，友谊机会表示在工作场所员工之间沟通并建立友谊关系的机会，友谊强度表示员工之间友情的质量。可见，友谊机会仅代表未来的潜在可以建立起来的职场友谊，友谊强度是客观上已经建立起来的职场友谊。此外，本书主要探讨职场友谊对员工建设性越轨行为的边界影响作用，主要是从友谊强度的角度进行分析，而不是从建立友谊机会的角度进行分析。因此，我们采用尼尔森、杰克斯和亚当斯（Nielsen、Jex 和 Adams，2000）的职场友谊强度的分量表来衡量职场友谊，包括 6 个题目，示例题目为“工作之外，我也与同事进行社交活动”“在工作中，我信赖同事”。

（4）职场排斥

采用费里斯、布朗和贝里等学者（Ferris、Brown 和 Berry 等，2008）的单维度量表，包括 7 个题目，示例题目为“在工作中，我发现别人不关注我”“在工作中，别人把我排除在交谈之外”。

4.5　数据分析

4.5.1　信度和效度检验

4.5.1.1　信度检验

如表 4.1 所示，员工建设性越轨行为、员工政治技能、职场友谊和职场排斥的 Cronbach's α 值分别为 0.837、0.895、0.886 和 0.892，均大于 0.7 的检验标准，表明量表信度良好。此外，这些变量的组合信度 CR 值分别为 0.826、0.883、0.872 和 0.881，均大于 0.6 的检验标准，再次表明量表信度良好。

表 4.1　　信度和效度分析结果

变量	Cronbach's α	组合信度 CR	聚合效度 AVE	AVE 的平方根
员工建设性越轨行为	0.837	0.826	0.542	0.736
员工政治技能	0.895	0.883	0.563	0.750
职场友谊	0.886	0.872	0.559	0.748
职场排斥	0.892	0.881	0.560	0.748

4.5.1.2　效度检验

在内容效度方面，选取国外成熟量表，并对该量表采用“翻译—回译”双向翻译方式以保证中英文量表的内涵一致，在正式问卷调研之前，通过让企业员工的试填答和多次讨论等措施对量表的措辞进行适当修订，以使量表的题项表达尽可能符合中国员工的思维方式和中国文化语境，因此，量表具有较好的内容效度。

在聚合效度方面（见表 4.1），采用平均方差提取量（Average Variance Extracted，AVE）来衡量同一概念的不同题项的一致性，员工建设性越轨行为、员工政治技能、职场友谊和职场排斥的平均方差提取量 AVE 分别为 0.542、0.563、0.559 和 0.560，均大于 0.5 的检验标准，聚合效度良好。

在区分效度方面（见表 4.2），利用 Mplus 7.0 软件进行验证性因子分析。四因子模型的拟合指标：$\chi^2/df=2.362$（<3），RMSEA = 0.056（<0.08），SRMR = 0.064（<0.08），TLI = 0.935（>0.9），CFI = 0.941（>0.9），表明员工建设性越轨行为（CD）、员工政治技能（PS）、职场友谊（WF）和职场排斥（WO）这四个变量具有良好的区分效度。另外，还可以根据变量 AVE 的平方根是否大于该变量与其他变量的相关系数进行检验（标准：前者要大于后者），由于员工建设性越轨行为（CD）、员工政治技能（PS）、职场友谊（WF）和职场排斥（WO）这四个变量 AVE 的平方根均大于 0.7，分别为 0.736、0.750、0.748、0.748（结果见表 4.1），而各变量的相关系数均小于 0.4（结果见表 4.3），区分效度良好。

表 4.2　　验证性因子分析结果

模型	χ^2/df	RMSEA	SRMR	TLI	CFI
单因子模型（CD + PS + WF + WO）	10.254	0.152	0.183	0.483	0.497
二因子模型（CD + PS + WF、WO）	7.236	0.123	0.163	0.703	0.715
三因子模型（CD、PS + WF、WO）	5.001	0.108	0.131	0.799	0.787
四因子模型（CD、PS、WF、WO）	2.362	0.056	0.064	0.935	0.941
五因子模型（CD、PS、WF、WO、CMV）	2.359	0.054	0.063	0.937	0.945

4.5.2　共同方法偏差检验

在事前控制方面，本书对各变量的测量题目进行混编，设置了反向题目，尽可能降低传统的问卷题目设置顺序和方式导致填答者的惯性填答思维。在事中控制方面，本书分为两个时点收集数据，并采用领导下属两个评价主体，尽可能降低由样本数据收集过程导致的共同方法偏差问题。在事后控制方面，采用 Harman 单因素检验法，发现共同方法偏差不严重，没有出现单一因子解释大部分变异的情况，就方差解释量来看：所有因子方差解释量的总值为 76%，而特征根最大的因子方差解释量为 25%，小于总值的 50%。

另外，在四因子模型基础上加入共同方法因子（CMV）构建五因子模型（结果见表 4.2），拟合指数为$\chi^2/df = 2.359$，RMSEA = 0.054，SRMR = 0.063，TLI = 0.937，CFI = 0.945。五因子模型拟合指标的变化值分别为：$\Delta\chi^2/df = -0.003$，ΔRMSEA = −0.002，ΔSRMR = −0.001，ΔTLI = 0.002，ΔCFI = 0.004，拟合指标改善并不明显，表明共同方法偏差不严重。

4.5.3　相关分析

由表 4.3 可知，员工建设性越轨行为与职场排斥正相关（$r = 0.273$，$p < 0.01$）；员工政治技能与职场友谊正相关（$r = 0.318$，$p < 0.01$）；员工政治技能与职场排斥负相关（$r = -0.301$，$p < 0.01$）；职场友谊与职场排斥负相关（$r = -0.332$，$p < 0.01$）。

表 4.3 描述性统计分析结果

变量	均值	标准差	1	2	3	4	5	6
1. 性别	1.414	0.478						
2. 年龄	2.079	0.863	0.043					
3. 学历	1.961	0.732	0.076	-0.126*				
4. 员工建设性越轨行为	3.325	0.635	0.046	0.052	0.073			
5. 员工政治技能	4.145	0.547	0.034	0.072	0.025	0.396**		
6. 职场友谊	3.678	0.762	0.052	0.071	0.034	0.285**	0.318**	
7. 职场排斥	3.002	0.478	-0.061	-0.043	-0.022	0.273**	-0.301**	-0.332**

注：* 表示 $p<0.05$；** 表示 $p<0.01$。

4.5.4 假设检验

4.5.4.1 主效应和调节效应检验

在采用 SPSS 21.0 软件检验假设之前，首先对变量进行标准化处理。由表 4.4 的模型 2 可知，员工建设性越轨行为对职场排斥的回归系数为 0.268（$p<0.01$），表明员工建设性越轨行为容易引发职场排斥现象，假设 H5 得到支持。由模型 4 可知，员工建设性越轨行为与员工政治技能的交互项对职场排斥的回归系数为 -0.187（$p<0.01$），表明员工政治技能削弱了员工建设性越轨行为对职场排斥的正向影响，起到负向调节作用，假设 H6 得到支持。由模型 1 可知，员工政治技能对职场友谊的回归系数为 0.293（$p<0.01$），表明员工较高的政治技能能够塑造良好的职场友谊关系，假设 H7 得到支持。由模型 6 可知，员工建设性越轨行为与职场友谊的交互项对职场排斥的回归系数为 -0.172（$p<0.01$），表明职场友谊能够削弱员工建设性越轨行为对职场排斥的正向影响，起到负向调节作用，假设 H8 得到支持。

本书运用简单斜率法绘制员工政治技能和职场友谊的调节效应图。图 4.2 显示，员工政治技能较高时（高于一个标准差），员工建设性越轨行为对职场排斥的影响不显著，回归系数为 0.020（$p>0.05$）；员工政治技能较

表 4.4　　主效应和调节效应检验结果

变量	职场友谊	职场排斥				
	模型 1	模型 2	模型 3	模型 4	模型 5	模型 6
员工性别	0.036	-0.053	-0.052	-0.047	-0.054	-0.049
员工年龄	0.051	-0.036	-0.032	-0.036	-0.035	-0.028
员工学历	0.027	-0.024	-0.025	-0.018	-0.027	-0.029
员工建设性越轨行为（CD）		0.268**	0.294**	0.207**	0.287**	0.193**
员工政治技能（PS）	0.293**		-0.279**	-0.245**		
职场友谊（WF）					-0.223**	-0.209**
CD × PS				-0.187**		
CD × WF						-0.172**
ΔR^2	0.083**	0.069**	0.033**	0.031**	0.027**	0.028**
ΔF	7.563**	6.784**	10.523**	12.121**	8.968**	11.867**

注：* 表示 $p<0.05$；** 表示 $p<0.01$。

低时（低于一个标准差），员工建设性越轨行为对职场排斥产生显著的正向影响，回归系数为 0.394（$p<0.01$），表明员工政治技能起到负向调节作用。图 4.3 显示，职场友谊较高时（高于一个标准差），员工建设性越轨行为对职场排斥的影响不显著，回归系数为 0.021（$p>0.05$）；职场友谊较低时（低于 1 个标准差），员工建设性越轨行为对职场排斥产生显著的正向影响，回归系数为 0.365（$p<0.01$），表明职场友谊起到负向调节作用。

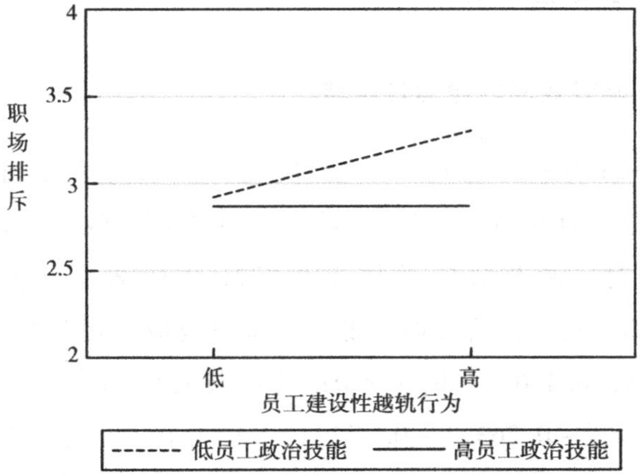

图 4.2　员工政治技能的调节效应图

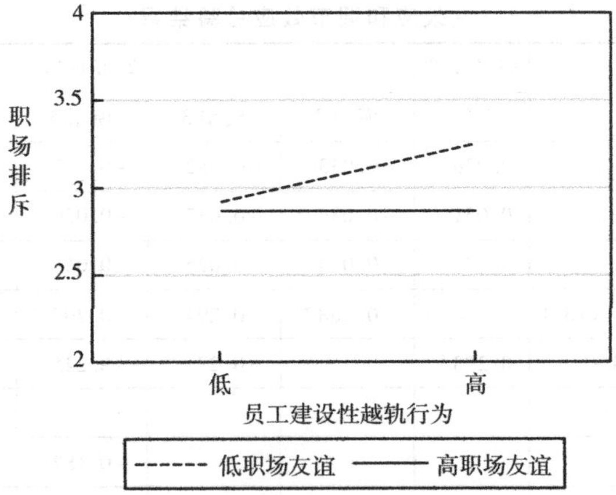

图 4.3 职场友谊的调节效应图

4.5.4.2 被中介的调节效应检验

由以上分析结果可知，员工政治技能对职场友谊产生正向影响（假设H7），而职场友谊又负向调节员工建设性越轨行为与职场排斥的正向关系（假设 H8），根据格朗和贝里（Grant 和 Berry，2011）的检验程序，可以初步判断职场友谊中介了员工政治技能在员工建设性越轨行为与职场排斥两者之间的调节作用，假设 H9 得到支持。

4.5.5 稳健性检验

4.5.5.1 调节效应的稳健性检验

采用 SPSS 21.0 软件的 Process 插件检验调节效应的稳健性。在员工政治技能对员工建设性越轨行为与职场排斥关系的调节效应稳健性方面，员工政治技能较高时，调节效应系数为 0.072，95% 置信区间为［-0.122，0.347］，包含 0；员工政治技能较低时，调节效应系数为 0.435，95% 置信区间为［0.298，0.476］，不包含 0；该调节效应的高低差值为 -0.363，95% 置信区间为［-0.263，-0.079］，不包含 0，表明员工政治技能起到负向调节作用，验证了假设 H6。在职场友谊对员工建设性越轨行为与职场排斥关系的调节效应稳健性方面，职场友谊较高时，调节效应系数为

0.053，95%置信区间为［-0.137，0.326］，包含0；职场友谊较低时，调节效应系数为0.402，95%置信区间为［0.256，0.379］，不包含0；该调节效应高低差值为-0.349，95%置信区间为［-0.243，-0.090］，不包含0，表明职场友谊起到负向调节作用，验证了假设H8。具体检验结果如表4.5所示。

表4.5　调节效应的稳健性检验结果

PS→CD调节效应	系数	置信区间	WF→CD调节效应	系数	置信区间
高值	0.072	［-0.122，0.347］	高值	0.053	［-0.137，0.326］
低值	0.435	［0.298，0.476］	低值	0.402	［0.256，0.379］
差值	-0.363	［-0.263，-0.079］	差值	-0.349	［-0.243，-0.090］

注：CD代表员工建设性越轨行为；PS代表员工政治技能；WF代表职场友谊。

4.5.5.2　被中介的调节效应稳健性检验

由于格朗和贝里（Grant和Berry，2011）提出的被中介的调节效应检验程序是基于巴伦和肯尼（Baron和Kenny，1986）的因果逐步回归法，在统计学上可能产生第二类错误。因此，本书采用爱德华兹和兰伯特（Edwards和Lambert，2007）建议的方法，利用SPSS 21.0软件的Process插件检验职场友谊对员工政治技能调节效应的中介作用，通过Bootstrap方法抽样2000次计算出员工政治技能通过职场友谊影响员工建设性越轨行为与职场排斥关系的间接效应显著，假设H9得到支持，其效应值为-0.053，95%置信区间为［-0.075，-0.041］，不包含0。

4.6　结果与讨论

本书通过对两个时点由领导和下属评价的456份有效员工样本进行统计分析，重点探究员工建设性越轨行为对职场排斥的影响机制，引入员工政治技能和职场友谊两个调节变量，试图厘清员工在实施建设性越轨行为时，如何采取有效措施削弱由此引发的职场排斥现象。

（1）员工建设性越轨行为容易引发职场排斥

员工建设性越轨行为的概念最初是作为一种利组织行为受到广泛关注，近年来，随着学者们对积极组织行为可能存在负面影响效应的关注，学者们逐渐发现员工建设性越轨行为是一把“双刃剑”，该行为不仅会给个体和组织带来积极影响，同时也会使行为实施者遭受职场排斥，进而降低个体的工作幸福感并且不利于个体的职业发展和职业成功（Mertens、Recker 和 Kohlborn 等，2016）。本书响应了学者们未来要尝试性地探究积极组织行为可能存在负面影响效应的号召，认为员工实施建设性越轨行为容易使同事感知到地位威胁，打破了同事按部就班的工作方式，导致同事的工作结果具有较高的不确定性，而且也容易引发同事的嫉妒情绪，使得行为实施者难以获得同事的社会认同进而会被排斥在同事圈子群体之外。本书基于社会认同理论，通过实证分析也发现员工建设性越轨行为容易引发职场排斥现象。类似的研究结果也支持了本研究结论，例如，布雷登塔尔、刘和毛等学者（Breidenthal、Liu 和 Mao，2016）的研究发现，创造力较高的员工容易遭受同事的职场排斥。

（2）员工较高的政治技能削弱了建设性越轨行为引发的职场排斥

组织是一个内在的竞技场，员工较高的政治技能有助于个体在组织内游刃有余地处理各种复杂的职场人际关系。由于员工建设性越轨行为会给同事带来诸多消极影响，必然会破坏同事之间正常的人际关系，遭到同事的抵触和排斥，但若建设性越轨行为的实施者具有较高的政治技能，则有可能获得同事对建设性越轨行为的支持和认可，可以有效避免由此引发的职场排斥现象（Wu、Yim 和 Kwan 等，2012）。具体而言，行为实施者较高的政治技能能够敏锐地洞察到该行为给同事造成的消极影响，采取同事能够接受的方式和频率实施该行为；在组织内部建立的广泛的人际关系网络也使得个体在实施建设性越轨行为时能够获得更多同事的认可和支持；在日常工作中呈现出的真诚行为赢得了同事的信任和良好的声誉，使得同事相信建设性越轨行为不是出于行为实施者的自利动机，而是为了促进组织变革和发展，从长远来看同事也可以从中受益，进而有助于提升同事对建设性越轨行为的认可和支持；利用自身的人际影响力诱导和说服同事对建设性越轨行为的认可和支持，并且带动同事一起实施利组织的建设性越轨行为。可见，从社会认同理论的视角进行分析，行为实施者较高的政治技能可以提升同事对建设性越轨行为的认可和支持，能够削弱员工建设性越轨行为引发的职场排斥现象。

（3）员工较高程度的职场友谊能够削弱员工建设性越轨行为引发的职场排斥现象；同时职场友谊也中介了员工政治技能在员工建设性越轨行为与职场排斥之间的调节作用

职场友谊可以更为直接地反映员工在职场中的人际关系质量，员工较高的职场友谊能够获得同事较多的情感性支持和工具性支持（Colbert、Bono 和 Purvanova，2016），有助于提升同事对建设性越轨行为的认可和支持，避免员工因实施建设性越轨行为而遭受同事的职场排斥。在中国文化情境下，同事之间的“关系”（Guanxi）可以刻画同事之间的职场友谊质量，同事之间的强“关系”意味着同事之间具有较高的职场友谊，而强“关系”有助于降低职场排斥现象（Mao、Liu 和 Jiang 等，2018）。此外，本书发现员工较高的政治技能有助于搭建起较高的职场友谊关系，职场友谊进而中介了员工政治技能在员工建设性越轨行为与职场排斥之间的调节作用，即员工政治技能的调节作用是通过职场友谊作为中介进行传递，该研究结论深化了员工政治技能调节作用机理的理解。

4.7　理论贡献与管理启示

4.7.1　理论贡献

（1）丰富了员工建设性越轨行为影响效应的相关理论

以往研究主要探讨员工建设性越轨行为的激发和抑制因素，相比之下，员工建设性越轨行为的影响效应研究还未引起足够的重视和关注（李红和刘洪，2014）。尽管已有学者理论分析了过多的建设性越轨行为可能导致组织紊乱等消极影响（孙建群、田晓明和李锐，2016），但鲜有理论和实证研究探讨员工建设性越轨行为可能引发的职场排斥等负面影响效应，本书基于社会认同理论，探究员工建设性越轨行为与职场排斥之间的作用关系，是对以往研究的有益尝试和补充。

（2）检验了员工政治技能的调节作用，丰富了员工建设性越轨行为与职场排斥之间作用关系的边界效应研究

如何有效规避员工建设性越轨行为可能引发的职场排斥是本研究拟解决的重要主题，通过引入员工政治技能作为调节变量，尝试性地提供了可行的解决策略。在工作场所，员工较高的政治技能有助于处理复杂的人际关系、解决比较棘手的工作问题，本书基于社会认同理论，发现员工较高的政治技能有助于个体能够及时洞察同事的反应、灵活处理人际关系，使得自己的行为获得同事的认同，进而削弱了员工建设性越轨行为可能引发的职场排斥现象。

（3）职场友谊对员工政治技能的调节效应起到中介作用

目前，学者们主要探讨了员工政治技能的直接调节作用，但员工政治技能又是通过何种作用机制起到调节作用则鲜有研究涉及，本书基于社会认同理论，认为员工政治技能的调节作用通过职场友谊作为中介传导机制，拓展了员工政治技能对员工建设性越轨行为与职场排斥之间关系的调节效应研究。相较于传统的研究模型，被中介的调节作用模型可以更好地揭示出调节变量发挥作用的内在机理。

4.7.2 管理启示

通过本章的研究，可以得到以下管理启示。

首先，企业要重视建设性越轨行为给员工自身带来的负面效应，采取干预措施及时规避可能存在的消极结果，以实现员工建设性越轨行为效益的最大化。企业要基于工作特点和具体情境，引导和控制员工实施建设性越轨行为的频率和强度，既要鼓励员工敢于打破不合时宜的组织规则和制度大胆创新，又要避免员工过多的建设性越轨行为给同事造成地位威胁或引发同事的嫉妒情绪进而遭到同事的职场排斥。

其次，企业要重视提高员工政治技能水平。企业可以通过角色扮演、情境模拟、替代学习、沟通技能训练以及戏剧法等方式加强对员工政治技能方面的培训（Ferris、Treadway 和 Perrewe 等，2007），使员工学会如何提高社交机敏性、人际影响力、外显真诚的正直品质和人际关系网络构建能力，进而与同事进行有效的沟通和互动，获得同事的信任和依赖，从而依靠较高的

政治技能削弱建设性越轨行为可能给自身带来的职场排斥。同时，员工也要有意识地提升自己的政治技能水平，通过人际互动过程中同事提供的反馈信息正确认识自身的政治技能水平，时刻洞察自己的行为可能会引致他人的何种态度和行为，及时与同事积极沟通、打消同事的疑虑并调整行为策略，尽可能降低建设性越轨行为可能引发的职场排斥。

最后，企业应当重视职场友谊的积极影响，采取措施促进员工之间高质量职场友谊的形成。企业可以采取团队合作的形式促进员工之间的沟通、互助和信任，在这个过程中更容易产生非正式关系，从而促进职场友谊的发展。企业也可以开展类似探险、旅游、拓展训练或团队游戏等团队建设活动，增加员工彼此间的互动和交流，从而为员工建立职场友谊提供更多的机会。另外，员工要通过较高的政治技能与同事建立亲密的友谊关系，促进和谐职场关系的产生，并凭借这种良好的职场友谊关系使得自身的建设性越轨行为能够获得同事的支持和理解进而降低可能招致的职场排斥现象。管理者要保证对员工的工作分配和奖励分配公平公正，避免出现偏袒某些员工的倾向，警惕员工之间的小团体现象等不良影响，以免形成不健康的职场友谊关系。

4.8 研究不足与展望

本书基于社会认同理论，通过引入员工政治技能和职场友谊作为调节变量，重点解决如何有效降低员工建设性越轨行为引发的职场排斥现象，并为企业和员工采取相应的管理措施提供了一定的借鉴。但是本书也存在一定的局限性，员工建设性越轨行为的影响效应研究仍然存在较多需要深入探讨的研究主题，未来具体可行的研究内容如下：

（1）员工建设性越轨行为与职场排斥之间的中介作用机制研究

本书仅探讨了员工建设性越轨行为与职场排斥之间的调节作用机制，事实上，厘清它们两者间的中介作用机制对于深入探究它们两者间的内在作用机理也很重要。尽管本书在员工建设性越轨行为与职场排斥的假设推理过程中，认为员工建设性越轨行为可能引发同事的地位威胁感知和嫉妒情绪进而可能遭到同事的职场排斥，但本书并未实证检验同事地位威胁感知和嫉妒情绪的中介作用，未来可以实证分析同事地位威胁感知和嫉妒情绪是否在它们两者之间起到中介作用。

(2) 员工建设性越轨行为的非线性影响效应

本书探讨了员工建设性越轨行为对职场排斥的线性影响效应，认为员工实施建设性越轨行为的频率和强度越高，越容易引发同事的职场排斥。由于因变量是职场排斥，员工建设性越轨行为的线性影响效应是合理的。但是当因变量是员工创新绩效等结果变量时，员工建设性越轨行为的影响效应既可能存在线性影响，而且也可能存在非线性影响（“倒U型”）。员工实施建设性越轨行为的频率和强度太低无法提升个体创新绩效，员工实施建设性越轨行为的频率和强度太高又会引发同事的地位威胁感知和嫉妒情绪而遭受职场排斥进而不利于个体创新绩效的提升。未来可以探究员工建设性越轨行为对个体创新绩效的非线性影响效应。类似的结果变量还可能包括员工工作绩效、职业成长、职业生涯成功等。

(3) 员工建设性越轨行为的“双刃剑”效应

目前，学者们开始关注积极组织行为的“双刃剑”影响效应，传统观点认为员工建设性越轨行为能够提升个体创新绩效，但从“双刃剑”效应的角度进行分析，员工建设性越轨行为也可能不利于提升个体创新绩效。未来可以通过将工作幸福感作为正向的中介作用机制，将职场排斥作为负向的中介作用机制，工作幸福感和职场排斥的双中介作用构成了员工建设性越轨行为对个体创新绩效的“双刃剑”影响机制。类似的结果变量还可能包括员工工作绩效、职业成长、职业生涯成功等。

(4) 员工建设性越轨行为对组织层面结果变量的影响研究

一些学者通过理论分析指出，员工建设性越轨行为会对组织变革、组织创新、组织绩效等组织层面变量产生影响（Vadera、Pratt 和 Mishra，2013）。由于无法采用传统的问卷调查法探究个体层面自变量与组织层面因变量之间的作用关系，未来可以基于事件系统理论，采用典型案例分析法并从事件发生的时间、空间和强度三个维度探究员工建设性越轨行为对组织变革、组织创新、组织绩效等组织层面变量的作用机制。

第 5 章

总结与展望

5.1 总体研究总结

在当前复杂多变的外部环境下，领导既要对员工的突破和创新给予支持和鼓励，也要对员工的不受控行为予以积极引导（Lin、Mainemelis 和 Kark，2016）。本书针对这一现象，探讨了员工建设性越轨行为的形成机制及影响效果，通过对两个时点收集的领导下属配对数据的统计分析发现：

首先，授权型领导有助于激发员工实施建设性越轨行为，组织自尊在该过程中发挥中介作用，员工传统性不仅调节了组织自尊对员工建设性越轨行为的积极影响，而且还调节了组织自尊的中介作用。由于建设性越轨行为是一种典型的风险行为，行为者的风险知觉状况将会影响他们是否做出此种行为的决策（Dahling 和 Gutworth，2017）。授权型领导鼓励员工参与决策，给予了员工较高的期望和信任，这不仅有利于提升员工的组织自尊（Zhang、Ke 和 Wang 等，2018），而且有助于降低员工的风险直觉状况（Muchiri、McMurray 和 Nkhoma，2019），促使员工积极实施建设性越轨行为；然而，从个体层面的特质因素考虑，员工高低不同的传统性特征也会影响员工对建设性越轨行为的风险知觉状况（王艳子和田雅楠，2019），进而抑制或促进授权型领导通过组织自尊对员工建设性越轨行为的激发效果。本书整合领导和个体两个层面的因素展开跨层次分析，不仅从理论方面进一步支持了领导是员工在企业中感知行为风险的最直接因素，而且也关注到了员工个体特征对领导效能的情境影响作用，有助于客观分析员工建设性越轨行为的形成机制。

其次，员工实施较多的建设性越轨行为容易导致职场排斥，员工较高的政治技能和职场友谊在该过程中可以起到负向调节效应，同时职场友谊中介了员工政治技能的负向调节效应。尽管员工建设性越轨行为的形成机制已经引起学者们的普遍关注，但是，员工建设性越轨行为的影响效果则缺乏相应的实证研究。学者们主要从理论层面分析了员工建设性越轨行为可能有助于提升员工幸福感和创新绩效、促进组织变革和组织创新，同时，该行为也可能导致员工遭受职场排斥和引发组织混乱（Mertens、Recker 和 Kohlborn 等，2016）。然而，员工建设性越轨行为是否会导致员工遭受职场排斥，员工采取何种措施可以避免该负面影响？目前，关于这一问题尚缺乏相关的实证研究支持。本书目的在于引起员工要重视利用组织政治技能和发展良好的职场友谊关系来降低员工建设性越轨行为给自身可能带来职场排斥的负面影响，促使员工建设性越轨行为的效益最大化。

5.2 总体研究不足与展望

第 3 章和第 4 章已经从研究内容和研究模型构建方面，详细论述了两个子研究存在的研究不足和未来的研究展望。本章重点基于第 3 章和第 4 章存在的共性问题，从中国情境下员工建设性越轨行为的量表开发、纵向追踪研究设计、案例研究设计 3 个方面阐述本书存在的不足和未来的研究展望。

（1）中国情境下员工建设性越轨行为的量表开发

本书遵循了大多数学者的做法，采用了加尔珀兰（Galperin，2012）开发的两维度量表，但事实上，中西方文化存在较大差异，中国员工建设性越轨行为的内涵和表现形式可能与西方存在差异，因此，未来有必要采取扎根理论方法进行规范化和科学化的问卷开发，形成适合于中国组织情境的员工建设性越轨行为量表。另外，由于员工建设性越轨行为的测量比较敏感，量表设计如何避免填答者的社会称许性偏差也是未来研究需要解决的重要问题。尽管本书采用领导下属配对数据，由领导评价下属的建设性越轨行为在一定程度上可以规避社会称许性这一问题，但是领导对下属的评价也会存在社会称许性的现象，其仅是比由下属自评的社会称许性现象有了较大的改善。

（2）纵向追踪研究设计

本书采用两个时点的领导下属配对数据探究变量之间的作用关系，虽然避免了同一时点收集的调研数据对统计结果产生的不利影响，但是通过该方式所得出的结果并不能真正反映变量之间的因果关系。此外，两个时点的数据分析也不是严格意义上的纵向追踪研究，纵向追踪研究至少需要 3 个时点的样本数据，未来可以增加样本收集的数量和难度，收集 3 个或 3 个以上时点的数据，采用潜变量增长模型探究变量之间的因果关系。另外，也可以采用实验研究法准确识别出变量之间的因果关系，进一步增加研究结论的可靠度和适用范围。

（3）案例研究设计

案例研究是对预期的研究模型进行探索式研究和对研究主题的进一步凝练，可以采用多案例研究提高研究的有效性。未来在员工建设性越轨行为的量表开发、形成机制及影响效应的模型构建方面，可以采用行为事件访谈法并结合扎根理论分析技术开展案例研究，避免单一采用问卷调查法无法准确刻画出真实的管理实践全貌，确保问卷调查法得出的研究结果更契合管理实践，提高研究结论的准确性和实用性。采用行为事件访谈法和扎根理论技术开展案例研究可以提高案例研究的深度和广度。

行为事件访谈法的好处是基于员工过往发生的真实事件进行访谈，获得的信息比较客观，可以将该方法贯穿于每个子研究的各个过程和环节，具体表现为：第一，进行员工建设性越轨行为的理论构建和量表开发时，可以通过对 10 位研发人员的行为事件访谈，厘清概念内涵、结构特征，进而开发出适合中国组织情境的研究量表。第二，探究员工建设性越轨行为的形成机制时，可以通过对 10 位研发人员的行为事件访谈，对与理论预期不一致的现象进行再辨析，完善研究模型。第三，探究员工建设性越轨行为的影响效应时，从调研样本中选取任职年限 10 年以上的、过往表现出较多建设性越轨行为的 20 位研发人员，采用行为事件访谈法，探究员工建设性越轨行为的影响效应。具体访谈样本数量的确定，主要以理论饱和度作为检验标准。

扎根理论分析适用于探索性研究，员工建设性越轨行为是一个比较新的研究构念，相关研究内容具有一定的探索性，因此，可以结合采用扎根理论方法开发研究量表、构建研究模型，采用规范的编码方式，事先对参与编码的3位成员统一进行编码方法培训，然后分别对同一访谈材料内容独立编码，包括开放式编码、主轴编码和选择性编码3个流程，以便提高研究结论的信度和效度。参与编码人员的数量以3~5人起到交叉验证的作用为依据。

附录1 “授权型领导对员工建设性越轨行为的跨层次影响”调查问卷

员工填答版调查问卷

员工编号：____________________（姓名首字母简写+手机号码后四位）

尊敬的先生/女士：

您好！我们正在进行一项教育部科研项目的学术调查工作，非常感谢您抽出宝贵的时间填答问卷，您所提供的答案并无对错之分。问卷填答结果仅用于学术研究的整体数据统计分析，绝不会公开您的个人信息及填答结果，请您放心填写。

一、授权型领导（1代表完全不符合，2代表不太符合，3代表说不清楚，4代表基本符合，5代表完全符合，请在符合您意见的数字处打“√”）

1. 领导鼓励我们在没有他（她）直接干预的情况下自己寻找问题的解决方案	1	2	3	4	5
2. 领导鼓励我们自己承担责任	1	2	3	4	5
3. 领导建议我们在遇到问题时，不需要征求他（她）的许可，可以由我们自己解决	1	2	3	4	5
4. 领导鼓励我们不要依赖他（她）的指导去寻找问题解决方法	1	2	3	4	5
5. 领导鼓励我们把问题看成是学习的机会而不是障碍	1	2	3	4	5
6. 领导建议我们在面对问题时自己寻找问题解决机会	1	2	3	4	5
7. 领导鼓励我们把失败看作是学习的机会	1	2	3	4	5

二、组织自尊（1 代表完全不符合，2 代表不太符合，3 代表说不清楚，4 代表基本符合，5 代表完全符合，请在符合您意见的数字处打“√”）

1. 我在企业中占有一席之地	1	2	3	4	5
2. 我在企业里被认真对待	1	2	3	4	5
3. 我在企业中是一个重要的人	1	2	3	4	5
4. 我在企业里被信任	1	2	3	4	5
5. 企业对我有信心	1	2	3	4	5
6. 我对企业有影响力	1	2	3	4	5
7. 我在企业中是一个有价值的人	1	2	3	4	5
8. 我在企业中是一个有用的人	1	2	3	4	5
9. 我在企业中是一个能干的人	1	2	3	4	5
10. 我在企业中是一个乐意合作的人	1	2	3	4	5

三、员工传统性（1 代表完全不符合，2 代表不太符合，3 代表说不清楚，4 代表基本符合，5 代表完全符合，请在符合您意见的数字处打“√”）

1. 如果因事争执不下，应该请辈分较高的人主持公道	1	2	3	4	5
2. 父母所尊敬的人，子女也应该尊敬	1	2	3	4	5
3. 要避免发生错误，最好的办法是听从长者的教导	1	2	3	4	5
4. 女子婚前应接受父亲管教，出嫁后则应顺从丈夫	1	2	3	4	5
5. 政府首脑等于是大家长，一切国家大事都应听从他（她）的决定	1	2	3	4	5

四、您的基本资料（请在符合您情况的描述旁打“√”）

1. 您的性别：男（　）女（　）
2. 您的年龄：30 岁及以下（　）　31～40 岁（　）　41 岁及以上（　）
3. 您的学历：大专及以下（　）　　本科（　）　　硕士及以上（　）

领导填答版调查问卷

领导编号：____________________（姓名首字母简写+手机号码后四位）

尊敬的先生/女士：

您好！我们正在进行一项教育部科研项目的学术调查工作，非常感谢您抽出宝贵的时间填答问卷，您所提供的答案并无对错之分。问卷填答结果仅用于学术研究的整体数据统计分析，绝不会公开您的个人信息及填答结果，请您放心填写。

一、员工建设性越轨行为（1代表完全不符合，2代表不太符合，3代表说不清楚，4代表基本符合，5代表完全符合，请在符合您意见的数字处打“√”）

（1）员工编号：____________________（姓名首字母简写+手机号码后四位）

1. 为了完成工作任务，有时该员工会打破既定规则	1	2	3	4	5
2. 为了解决工作问题，有时该员工会不按公司规程办事	1	2	3	4	5
3. 为了解决客户问题，有时该员工会打破组织规范	1	2	3	4	5
4. 为了满足客户需求，有时该员工会变通组织规则	1	2	3	4	5
5. 为了解决工作问题，该员工会调整不合理的组织程序	1	2	3	4	5
6. 为了促进组织发展，该员工会指出同事在工作中的错误	1	2	3	4	5
7. 为了改进工作程序，有时该员工不会按照主管的要求去做	1	2	3	4	5
8. 为了改进工作程序，即使与其他人意见不一致，该员工也会坚持自己的观点	1	2	3	4	5
9. 为了更有效地完成工作，有时该员工不会按照主管的指示去做	1	2	3	4	5

（2）员工编号：____________________（姓名首字母简写+手机号码后四位）

1. 为了完成工作任务，有时该员工会打破既定规则	1	2	3	4	5
2. 为了解决工作问题，有时该员工会不按公司规程办事	1	2	3	4	5

续表

3. 为了解决客户问题，有时该员工会打破组织规范	1	2	3	4	5
4. 为了满足客户需求，有时该员工会变通组织规则	1	2	3	4	5
5. 为了解决工作问题，该员工会调整不合理的组织程序	1	2	3	4	5
6. 为了促进组织发展，该员工会指出同事在工作中的错误	1	2	3	4	5
7. 为了改进工作程序，有时该员工不会按照主管的要求去做	1	2	3	4	5
8. 为了改进工作程序，即使与其他人意见不一致，该员工也会坚持自己的观点	1	2	3	4	5
9. 为了更有效地完成工作，有时该员工不会按照主管的指示去做	1	2	3	4	5

（3）员工编号：________________（姓名首字母简写+手机号码后四位）

1. 为了完成工作任务，有时该员工会打破既定规则	1	2	3	4	5
2. 为了解决工作问题，有时该员工会不按公司规程办事	1	2	3	4	5
3. 为了解决客户问题，有时该员工会打破组织规范	1	2	3	4	5
4. 为了满足客户需求，有时该员工会变通组织规则	1	2	3	4	5
5. 为了解决工作问题，该员工会调整不合理的组织程序	1	2	3	4	5
6. 为了促进组织发展，该员工会指出同事在工作中的错误	1	2	3	4	5
7. 为了改进工作程序，有时该员工不会按照主管的要求去做	1	2	3	4	5
8. 为了改进工作程序，即使与其他人意见不一致，该员工也会坚持自己的观点	1	2	3	4	5
9. 为了更有效地完成工作，有时该员工不会按照主管的指示去做	1	2	3	4	5

（4）员工编号：________________（姓名首字母简写+手机号码后四位）

1. 为了完成工作任务，有时该员工会打破既定规则	1	2	3	4	5
2. 为了解决工作问题，有时该员工会不按公司规程办事	1	2	3	4	5
3. 为了解决客户问题，有时该员工会打破组织规范	1	2	3	4	5
4. 为了满足客户需求，有时该员工会变通组织规则	1	2	3	4	5
5. 为了解决工作问题，该员工会调整不合理的组织程序	1	2	3	4	5
6. 为了促进组织发展，该员工会指出同事在工作中的错误	1	2	3	4	5
7. 为了改进工作程序，有时该员工不会按照主管的要求去做	1	2	3	4	5
8. 为了改进工作程序，即使与其他人意见不一致，该员工也会坚持自己的观点	1	2	3	4	5
9. 为了更有效地完成工作，有时该员工不会按照主管的指示去做	1	2	3	4	5

（5）员工编号：____________________（姓名首字母简写＋手机号码后四位）

1. 为了完成工作任务，有时该员工会打破既定规则	1	2	3	4	5
2. 为了解决工作问题，有时该员工会不按公司规程办事	1	2	3	4	5
3. 为了解决客户问题，有时该员工会打破组织规范	1	2	3	4	5
4. 为了满足客户需求，有时该员工会变通组织规则	1	2	3	4	5
5. 为了解决工作问题，该员工会调整不合理的组织程序	1	2	3	4	5
6. 为了促进组织发展，该员工会指出同事在工作中的错误	1	2	3	4	5
7. 为了改进工作程序，有时该员工不会按照主管的要求去做	1	2	3	4	5
8. 为了改进工作程序，即使与其他人意见不一致，该员工也会坚持自己的观点	1	2	3	4	5
9. 为了更有效地完成工作，有时该员工不会按照主管的指示去做	1	2	3	4	5

二、您的基本资料

1. 您的性别：男（ ） 女（ ）
2. 您的年龄：35岁及以下（ ） 36～45岁（ ） 46岁及以上（ ）
3. 您的学历：大专及以下（ ） 本科（ ） 硕士及以上（ ）

附录2 “员工建设性越轨行为对职场排斥的影响机制”调查问卷

领导填答版调查问卷

领导编号：____________________（姓名首字母简写+手机号码后四位）

尊敬的先生/女士：

您好！我们正在进行一项教育部科研项目的学术调查工作，非常感谢您抽出宝贵的时间填答问卷，您所提供的答案并无对错之分。问卷填答结果仅用于学术研究的整体数据统计分析，绝不会公开您的个人信息及填答结果，请您放心填写。

一、员工建设性越轨行为（1代表完全不符合，2代表不太符合，3代表说不清楚，4代表基本符合，5代表完全符合，请在符合您意见的数字处打“√”）

（1）员工编号：____________________（姓名首字母简写+手机号码后四位）

1. 为了完成工作任务，有时该员工会打破既定规则	1	2	3	4	5
2. 为了解决工作问题，有时该员工会不按公司规程办事	1	2	3	4	5
3. 为了解决客户问题，有时该员工会打破组织规范	1	2	3	4	5
4. 为了满足客户需求，有时该员工会变通组织规则	1	2	3	4	5

续表

5. 为了解决工作问题，该员工会调整不合理的组织程序	1	2	3	4	5
6. 为了促进组织发展，该员工会指出同事在工作中的错误	1	2	3	4	5
7. 为了改进工作程序，有时该员工不会按照主管的要求去做	1	2	3	4	5
8. 为了改进工作程序，即使与其他人意见不一致，该员工也会坚持自己的观点	1	2	3	4	5
9. 为了更有效地完成工作，有时该员工不会按照主管的指示去做	1	2	3	4	5

（2）员工编号：____________________（姓名首字母简写+手机号码后四位）

1. 为了完成工作任务，有时该员工会打破既定规则	1	2	3	4	5
2. 为了解决工作问题，有时该员工会不按公司规程办事	1	2	3	4	5
3. 为了解决客户问题，有时该员工会打破组织规范	1	2	3	4	5
4. 为了满足客户需求，有时该员工会变通组织规则	1	2	3	4	5
5. 为了解决工作问题，该员工会调整不合理的组织程序	1	2	3	4	5
6. 为了促进组织发展，该员工会指出同事在工作中的错误	1	2	3	4	5
7. 为了改进工作程序，有时该员工不会按照主管的要求去做	1	2	3	4	5
8. 为了改进工作程序，即使与其他人意见不一致，该员工也会坚持自己的观点	1	2	3	4	5
9. 为了更有效地完成工作，有时该员工不会按照主管的指示去做	1	2	3	4	5

（3）员工编号：____________________（姓名首字母简写+手机号码后四位）

1. 为了完成工作任务，有时该员工会打破既定规则	1	2	3	4	5
2. 为了解决工作问题，有时该员工会不按公司规程办事	1	2	3	4	5
3. 为了解决客户问题，有时该员工会打破组织规范	1	2	3	4	5
4. 为了满足客户需求，有时该员工会变通组织规则	1	2	3	4	5
5. 为了解决工作问题，该员工会调整不合理的组织程序	1	2	3	4	5
6. 为了促进组织发展，该员工会指出同事在工作中的错误	1	2	3	4	5
7. 为了改进工作程序，有时该员工不会按照主管的要求去做	1	2	3	4	5
8. 为了改进工作程序，即使与其他人意见不一致，该员工也会坚持自己的观点	1	2	3	4	5
9. 为了更有效地完成工作，有时该员工不会按照主管的指示去做	1	2	3	4	5

(4) 员工编号：________________（姓名首字母简写 + 手机号码后四位）

1. 为了完成工作任务，有时该员工会打破既定规则	1	2	3	4	5
2. 为了解决工作问题，有时该员工会不按公司规程办事	1	2	3	4	5
3. 为了解决客户问题，有时该员工会打破组织规范	1	2	3	4	5
4. 为了满足客户需求，有时该员工会变通组织规则	1	2	3	4	5
5. 为了解决工作问题，该员工会调整不合理的组织程序	1	2	3	4	5
6. 为了促进组织发展，该员工会指出同事在工作中的错误	1	2	3	4	5
7. 为了改进工作程序，有时该员工不会按照主管的要求去做	1	2	3	4	5
8. 为了改进工作程序，即使与其他人意见不一致，该员工也会坚持自己的观点	1	2	3	4	5
9. 为了更有效地完成工作，有时该员工不会按照主管的指示去做	1	2	3	4	5

(5) 员工编号：________________（姓名首字母简写 + 手机号码后四位）

1. 为了完成工作任务，有时该员工会打破既定规则	1	2	3	4	5
2. 为了解决工作问题，有时该员工会不按公司规程办事	1	2	3	4	5
3. 为了解决客户问题，有时该员工会打破组织规范	1	2	3	4	5
4. 为了满足客户需求，有时该员工会变通组织规则	1	2	3	4	5
5. 为了解决工作问题，该员工会调整不合理的组织程序	1	2	3	4	5
6. 为了促进组织发展，该员工会指出同事在工作中的错误	1	2	3	4	5
7. 为了改进工作程序，有时该员工不会按照主管的要求去做	1	2	3	4	5
8. 为了改进工作程序，即使与其他人意见不一致，该员工也会坚持自己的观点	1	2	3	4	5
9. 为了更有效地完成工作，有时该员工不会按照主管的指示去做	1	2	3	4	5

二、您的基本资料

1. 您的性别：男（ ） 女（ ）
2. 您的年龄：35 岁及以下（ ） 36～45 岁（ ） 46 岁及以上（ ）
3. 您的学历：大专及以下（ ） 本科（ ） 硕士及以上（ ）

员工填答版调查问卷

员工编号：____________________（姓名首字母简写 + 手机号码后四位）

尊敬的先生/女士：

您好！我们正在进行一项教育部科研项目的学术调查工作，非常感谢您抽出宝贵的时间填答问卷，您所提供的答案并无对错之分。问卷填答结果仅用于学术研究的整体数据统计分析，绝不会公开您的个人信息及填答结果，请您放心填写。

一、员工政治技能（1 代表完全不符合，2 代表不太符合，3 代表说不清楚，4 代表基本符合，5 代表完全符合，请在符合您意见的数字处打“√”）

1. 我能设身处地为别人考虑	1	2	3	4	5
2. 我可以令多数人与我在一起的时候感到舒服和轻松	1	2	3	4	5
3. 我很容易与大多数人建立友好的关系	1	2	3	4	5
4. 我善解人意	1	2	3	4	5
5. 我善于让大家积极响应我	1	2	3	4	5
6. 我尽力去寻找与别人的共同点	1	2	3	4	5

二、职场友谊（1 代表完全不符合，2 代表不太符合，3 代表说不清楚，4 代表基本符合，5 代表完全符合，请在符合您意见的数字处打“√”）

1. 我在工作中与同事结成了良好的友谊	1	2	3	4	5
2. 工作之外，我也与同事进行社交活动	1	2	3	4	5
3. 在工作中，我信赖同事	1	2	3	4	5
4. 我对很多同事充满信任	1	2	3	4	5
5. 可以见到同事是我期待工作的原因之一	1	2	3	4	5
6. 在工作中，我感到没有一个同事是真正的朋友	1	2	3	4	5

三、职场排斥（1 代表完全不符合，2 代表不太符合，3 代表说不清楚，4 代表基本符合，5 代表完全符合，请在符合您意见的数字处打“√”）

1. 别人在工作中会忽略我的感受	1	2	3	4	5
2. 在工作中，我跟别人打招呼时没有得到回应	1	2	3	4	5
3. 在工作中，其他人会回避和我接触	1	2	3	4	5
4. 在工作中，我发现别人不关注我	1	2	3	4	5
5. 在工作中，别人把我排除在交谈之外	1	2	3	4	5
6. 在工作中，别人拒绝跟我讲话	1	2	3	4	5
7. 在工作中，别人当我不存在	1	2	3	4	5

四、您的基本资料

1. 您的性别：男（　）女（　）
2. 您的年龄：30 岁及以下（　） 31～40 岁（　） 41 岁及以上（　）
3. 您的学历：大专及以下（　） 本科（　） 硕士及以上（　）

参考文献

[1] Abas, C., Omar, F., Halim, F. W., et al. The mediating role of organizational – based self – esteem in perceived organizational support and counterproductive work behaviour relationship [J]. International Journal of Business and Management, 2015, 10 (9): 99 – 108.

[2] Abubakar, A. M., Yazdian, T. F., Behravesh, E. A riposte to ostracism and tolerance to workplace incivility: A generational perspective [J]. Personnel Review, 2018, 47 (2): 441 – 457.

[3] Ahearn, K. K., Ferris, G. R., Hochwarter, W. A., et al. Leader political skill and team performance [J]. Journal of Management, 2004, 30 (3): 309 – 327.

[4] Ahearne, M., Mathieu, J., Rapp, A. To empower or not to empower your sales force? An empirical examination of the influence of leadership empowerment behavior on customer satisfaction and performance [J]. Journal of Applied Psychology, 2005, 90 (5): 945 – 955.

[5] Amundsen, S., Martinsen, Ø. L. Empowering leadership: Construct clarification, conceptualization, and validation of a new scale [J]. The Leadership Quarterly, 2014, 25 (3): 487 – 511.

[6] Amundsen, S., Martinsen, Ø. L. Linking empowering leadership to job satisfaction, work effort, and creativity: The role of self – leadership and psychological empowerment [J]. Journal of Leadership & Organizational Studies, 2015, 22 (3): 304 – 323.

[7] Amundsen, S., Martinsen, Ø. L. Self – other agreement in empowering leadership: Relationships with leader effectiveness and subordinates' job satisfac-

tion and turnover intention [J]. The Leadership Quarterly, 2014, 25 (4): 784 - 800.

[8] Andrews, M. C., Kacmar, K. M., Harris, K. J. Got political skill? The impact of justice on the importance of political skill for job performance [J]. Journal of Applied Psychology, 2009, 94 (6): 1427 - 1437.

[9] Arif, M., Sindhu, M. I., Hashmi, S. H. Impact of abusive supervision on turnover intention through future work self - salience and organization - based self - esteem [J]. International Journal of Organizational Leadership, 2017, (6): 481 - 490.

[10] Arnold, J. A., Arad, S., Rhoades, J. A., et al. The empowering leadership questionnaire: The construction and validation of a new scale for measuring leader behaviors [J]. Journal of Organizational Behavior, 2000, 21 (3): 249 - 269.

[11] Aryee, S., Kim, T. Y., Zhou, Q., et al. Customer service at altitude: Effects of empowering leadership [J]. International Journal of Contemporary Hospitality Management, 2019, 31 (9): 3722 - 3741.

[12] Audenaert, M., Decramer, A. When empowering leadership fosters creative performance: The role of problem - solving demands and creative personality [J]. Journal of Management & Organization, 2018, 24 (1): 4 - 18.

[13] Badawy, R. L., Shaughnessy, B. A., Brouer, R. L., et al. Are you actually helping or just looking out for yourself? Examining the individual and interactive effects of relationship quality and political skill on supervisor motive attributions [J]. Organization Management Journal, 2016, 13 (3): 124 - 137.

[14] Baloch, M. A., Meng, F., Xu, Z., et al. Dark triad, perceptions of organizational politics and counterproductive work behaviors: The moderating effect of political skills [J]. Frontiers in Psychology, 2017, (8): 1 - 14.

[15] Banister, C. M., Meriac, J. P. Political skill and work attitudes: A comparison of multiple social effectiveness constructs [J]. The Journal of psychology, 2015, 149 (8): 775 - 795.

[16] Bao, G. M., Xu, B. X., Zhang, Z. Y. Employees' trust and their

knowledge sharing and integration: The mediating roles of organizational identification and organization - based self - esteem [J]. Knowledge Management Research & Practice, 2016, 14 (3): 362 - 375.

[17] Baron, R. M., Kenny, D. A. The moderator - mediator variable distinction in social psychological research: Conceptua, stractegic, and statistical considerations [J]. Journal of Personality and Social Psychology, 1986, 51 (6): 1173 - 1182.

[18] Bentley, J. R., Treadway, D. C., Williams, L. V., et al. The moderating effect of employee political skill on the link between perceptions of a victimizing work environment and job performance [J]. Frontiers in Psychology, 2017, (8): 1 - 14.

[19] Berman, E. M. Workplace relations: Friendship patterns and consequences (according to managers) [J]. Public Administration Review, 2002, 62 (2): 217 - 230.

[20] Bernstein, M. J., Sacco, D. F., Brown, C. M., et al. A preference for genuine smiles following social exclusion [J]. Journal of Experimental Social Psychology, 46 (1): 196 - 199.

[21] Bester, J., Stander, M. W., Van Zyl L. E. Leadership empowering behaviour, psychological empowerment, organisational citizenship behaviours and turnover intention in a manufacturing division [J]. Journal of Industrial Psychology, 2015, 41 (1): 1 - 14.

[22] Biemann, T., Kearney, E., Marggraf, K. Empowering leadership and managers' career perceptions: Examining effects at both the individual and the team level [J]. The Leadership Quarterly, 2015, 26 (5): 775 - 789.

[23] Bing, M. N., Davison, H. K., Minor, I., et al. The prediction of task and contextual performance by political skill: A meta - analysis and moderator test [J]. Journal of Vocational Behavior, 2011, 79 (2): 563 - 577.

[24] Blickle, G., Diekmann, C., Schneider, P. B., et al. When modesty wins: Impression management through modesty, political skill, and career success—a two - study investigation [J]. European Journal of Work and Organi-

zational Psychology, 2012, 21 (6): 899 -922.

[25] Blickle, G., Kramer, J., Zettler, I., et al. Job demands as a moderator of the political skill - job performance relationship [J]. Career Development International, 2009, 14 (4): 333 -350.

[26] Blickle, G., Meurs, J. A., Zettler, I., et al. Personality, political skill, and job performance [J]. Journal of Vocational Behavior, 2008, 72 (3): 377 -387.

[27] Blickle, G., Schneider, P. B., Liu, Y., et al. A predictive investigation of reputation as mediator of the political - skill career - success relationship [J]. Journal of Applied Social Psychology, 2011, 41 (12): 3026 -3048.

[28] Blickle, G., Wendel, S., Ferris, G. R. Political skill as moderator of personality - job performance relationships in socioanalytic theory: Test of the getting ahead motive in automobile sales [J]. Journal of Vocational Behavior, 2010, 76 (2): 326 -335.

[29] Bodankin, M., Tziner, A. Constructive deviance, destructive deviance and personality: How do they interrelate? [J]. Amfiteatru Economic Journal, 2009, 11 (26): 549 -564.

[30] Bowling, N. A., Eschleman, K. J., Wang, Q., et al. A meta - analysis of the predictors and consequences of organization - based self - esteem [J]. Journal of Occupational and Organizational Psychology, 2010, 83 (3): 601 -626.

[31] Breidenthal, A., Liu, D., Mao, Y., et al. Don't envy me because I'm creative: A field study of coworker reactions to creative employees [J]. Academy of Management Annual Meeting Proceedings, 2016.

[32] Brouer, R. L., Badaway, R. L., Gallagher, V. C., et al. Political skill dimensionality and impression management choice and effective use [J]. Journal of Business and Psychology, 2015, 30 (2): 217 -233.

[33] Byun, G., Dai, Y., Lee, S., et al. When does empowering leadership enhance employee creativity? A three - way interaction test [J]. Social Behavior and Personality: An International Journal, 2016, 44 (9): 1555 -1564.

[34] Cai, D., Cai, Y., Sun, Y., et al. Linking empowering leadership and employee work engagement: The effects of person – job fit, person – group fit, and proactive personality [J]. Frontiers in Psychology, 2018, (9): 1 – 12.

[35] Carmeli, A., Schaubroeck, J., Tishler, A. How CEO empowering leadership shapes top management team processes: Implications for firm performance [J]. Leadership Quarterly, 2011, 22 (2): 399 – 411.

[36] Chan, S. C. H., Huang, X. Snape, E., et al. The Janus face of paternalistic leaders: Authoritarianism benevolence subordinates' organization – based self – esteem, and performance [J]. Journal of Organizational Behavior, 2013, 34 (1): 108 – 128.

[37] Chang, H. T., Chou, Y. J., Jia, W. L., et al. The effects of perfectionism on innovative behavior and job burnout: team workplace friendship as a moderator [J]. Personality and Individual Differences, 2016, (96): 260 – 265.

[38] Chang, K., Kuo, C. C., Quinton, S., et al. Subordinates' competence: A potential trigger for workplace ostracism [J]. The International Journal of Human Resource Management, 2019: 1 – 27.

[39] Chaudhry, N. I., Ashraf, Z., Jaffri, A. M. Mediation effects of political skills dimensions on employee performance [J]. International Journal of Business and Management, 2012, 7 (9): 120 – 125.

[40] Chen, C. Y., Mao, H. Y., Hsieh, A. T., et al. The relationship among interactive justice, leader – member exchange, and workplace friendship [J]. The Social Science Journal, 2013, 50 (1): 89 – 95.

[41] Chen, G., Sharma, P. N., Edinger, S. K., et al. Motivating and demotivating forces in teams: Cross – level influences of empowering leadership and relationship conflict [J]. Journal of Applied Psychology, 2011, 96 (3): 541 – 557.

[42] Cheong, M., Spain, S. M., Yammarino, F. J., et al. Two faces of empowering leadership: Enabling and burdening [J]. The Leadership Quarterly, 2016, 27 (4): 602 – 616.

[43] Cheong, M., Yammarino, F. J., Dionne, S. D., et al. A review of

the effectiveness of empowering leadership [J]. The Leadership Quarterly, 2019, 30 (1): 34-58.

[44] Chiesa, R., der Heijden, V., Beatrice, I. J. M., et al. "It is all in the game!": The role of political skill for perceived employability enhancement [J]. Journal of Career Development, 2020, 47 (4): 1-14.

[45] Chow, I. H. S. The mechanism underlying the empowering leadership - creativity relationship [J]. Leadership & Organization Development Journal, 2018, 91 (4): 896-917.

[46] Chung, Y. W. The mediating effects of organizational conflict on the relationships between workplace ostracism with in-role behavior and organizational citizenship behavior [J]. International Journal of Conflict Management, 2015, 26 (4): 366-385.

[47] Chung, Y. W., Kim, S. H. The mediating effect of organizational justice on the relationship between psychological ownership and constructive deviant behavior [J]. Korean Journal of Business Administration, 2013, 26 (2): 265-289.

[48] Chung, S., Lount, R. B., Park, H. M., et al. Friends with performance benefits: A meta-analysis on the relationship between friendship and group performance [J]. Personality and Social Psychology Bulletin, 2018, 44 (1): 63-79.

[49] Chung, Y. W., Moon, H. K. The moderating effects of collectivistic orientation on psychological ownership and constructive deviant behavior [J]. International Journal of Business and Management, 2011, 6 (12): 65-77.

[50] Chung, Y. W., Yang, J. Y. The mediating effects of organization-based self-esteem for the relationship between workplace ostracism and workplace behaviors [J]. Baltic Journal of Management, 2017, 12 (2): 255-270.

[51] Cohen, A., Ehrlich, S. Exchange variables, organizational culture and their relationship with constructive deviance [J]. Management Research Review, 2019, 42 (12): 1423-1446.

[52] Colbert, A., Bono, J., Purvanova, R. Flourishing via workplace

relationships: Moving beyond instrumental support [J]. Academy of Management Journal, 2016, 59 (4): 1199 -1223.

[53] Cuadrado, E., Tabernero, C., Steinel, W. Motivational determinants of prosocial behavior: What do included, hopeful excluded, and hopeless excluded individuals need to behave prosocially? [J]. Motivation and Emotion, 2015, 39 (3): 344 -358.

[54] Cullen, K. L., Fan, J. Y., Liu, C. Employee popularity mediates the relationship between political skill and workplace interpersonal mistreatment [J]. Journal of Management, 2014, 40 (6): 1760 -1778.

[55] Cullen, K. L., Gerbasi, A., Chrobot - Mason, D. Thriving in central network positions: The role of political skill [J]. Journal of Management, 2018, 44 (2): 682 -706.

[56] Dahling, J. J., Chau, S. L., Mayer, D. M., et al. Breaking rules for the right reasons? An investigation of pro - social rule breaking [J]. Journal of Organizational Behavior, 2012, 33 (1): 21 -42.

[57] Dahling, J. J., Gutworth, M. B. Loyal rebels? A test of the normative conflict model of constructive deviance [J]. Journal of Organizational Behavior, 2017, 38 (8): 1167 -1182.

[58] Dana, L. M., Zboja, J. J., Ferris, G. R. Partial mediation of the political skill - reputation relationship [J]. Career Development International, 2012, 17 (6): 557 -582.

[59] De Clercq, D., Haq, I. U., Azeem, M. U., et al. The relationship between workplace incivility and helping behavior: Roles of job dissatisfaction and political skill [J]. The Journal of Psychology, 2019, 153 (5): 507 - 527.

[60] Dewettinck, K., van Ameijde, M. Linking leadership empowerment behaviour to employee attitudes and behavioural intentions [J]. Personnel Review, 2011, 40 (3): 284 -305.

[61] Dickie, C. Exploring workplace friendships in business: Cultural variations of employee behavior [J]. Research & Practice in Human Resource Man-

agement, 2009, 17 (1): 35 -43.

[62] Dietl, E., Meurs, J. A., Blickle, G. Do they know how hard I work? Investigating how implicit explicit achievement orientation, reputation, and political skill affect occupational status [J]. European Journal of Work and Organizational Psychology, 2017, 26 (1): 120 -132.

[63] Dong, Y., Liao, H., Chuang, A., et al. Fostering employee service creativity: Joint effects of customer empowering behaviors and supervisory empowering leadership [J]. Journal of Applied Psychology, 2015, 100 (5): 1364 -1380.

[64] Duclos, R., Wan, E. W., Jiang, Y. W. Show me the honey! Effects of social exclusion on financial risk - taking [J]. Journal of Consumer Research, 2013, 40 (1): 122 -135.

[65] Dumas, T. L., Phillips, K. W., Rothbard, N. P. Getting closer at the company party: Integration experiences, racial dissimilarity, and workplace relationships [J]. Organization Science, 2013, 24 (5): 1377 -1401.

[66] Edwards, J. R., Lambert, L. S. Methods for integrating moderation and mediation: A general analytical framework using moderated path analysis [J]. Psychological Methods, 2007, 12 (1): 1 -22.

[67] Ekrot, B., Rank, J., Gemünden, H. G. Antecedents of project managers' voice behavior: The moderating effect of organization - based self - esteem and affective organizational commitment [J]. International Journal of Project Management, 2015, 34 (6): 1 -15.

[68] Epitropaki, O., Kapoutsis, I., Ellen, B. P. I., et al. Navigating uneven terrain: The roles of political skill and LMX differentiation in prediction of work relationship quality and work outcomes [J]. Journal of Organizational Behavior, 2016, 37 (7): 1078 -1103.

[69] Erkutlu, H., Chafra, J. Empowering leadership and organizational job embeddedness: The moderating roles of task interdependence and organizational politics [J]. Procedia - Social and Behavioral Sciences, 2015, (11): 3 -10.

[70] Farh, J. L., Earley, P. C., Lin, S. C. Impetus for action: A cul-

tural analysis of justice and organizational citizenship behavior in Chinese society [J]. Administrative Science Quarterly, 1997, 42 (3): 421 –444.

[71] Farh, J. L., Hackett, R. D., Liang, J. Individual – level cultural values as moderators of perceived organizational support – employee outcome relationships in China: Comparing the effects of power distance and traditionality [J]. Academy of Management Journal, 2007, 50 (3): 715 –729.

[72] Fazel – e – Hasan, S. M., Mortimer, G., Lings, I., et al. Examining customer – oriented positive deviance intentions of retail employees [J]. International Journal of Retail & Distribution Management, 2019, 47 (8): 836 –854.

[73] Ferris, G. R., Berkson, H. M., Kaplan, D. M., et al. Development and initial validation of the political skill inventory [C]. Chicago: Paper presented at the Academy of Management, 59th Annual National Meeting, 1999.

[74] Ferris, D. L., Brown, D. J., Berry, J. W., et al. The development and validation of the workplace ostracism scale [J]. Journal of Applied Psychology, 2008, 93 (6): 1348 –1366.

[75] Ferris, D. L., Brown, D. J., Heller, D. Organizational supports and organizational deviance: The mediating role of organization – based self – esteem [J]. Organizational Behavior and Human Decision Processes, 2009, 108 (2): 279 –286.

[76] Ferris, D. L., Chen, M., Lim, S. Comparing and contrasting workplace ostracism and incivility [J]. Annual Review of Organizational Psychology and Organizational Behavior, 2017, 4 (1): 315 –338.

[77] Ferris, G. R., Treadway, D. C., Kolodinsky, R. W., et al. Development and validation of the political skill inventory [J]. Journal of Management, 2005, 31 (1): 126 –152.

[78] Ferris, G. R., Treadway, D. C., Perrewé, P. L., et al. Political skill in organizations [J]. Journal of Management, 2007, 33 (3): 290 –320.

[79] Fiset, J., Al Hajj, R., Vongas, J. G. Workplace ostracism seen through the lens of power [J]. Frontiers in Psychology, 2017, 8 (5): 1 –19.

[80] Fong, K. H., Snape, E. Empowering leadership, psychological em-

powerment and employee outcomes: Testing a multi - level mediating model [J]. British Journal of Management, 2015, 26 (1): 126 - 138.

[81] Gallagher, V. C., Laird, M. D. The combined effect of political skill and political decision making on job satisfaction [J]. Journal of Applied Social Psychology, 2008, 38 (9): 2336 - 2360.

[82] Gallagher, V. C., Meurs, J. A., Harris, K. J. Political skill reduces the negative impact of distrust [J]. Career Development International, 2016, 21 (5): 442 - 458.

[83] Galperin, B. L., Burke, R. J. Uncovering the relationship between workaholism and workplace destructive and constructive deviance: An exploratory study [J]. The International Journal of Human Resource Management, 2006, 17 (2): 331 - 347.

[84] Galperin, B. L. Determinants of deviance in the workplace: An empirical examination in Canada and Mexico [D]. Montreal: Concordia University, 2002.

[85] Galperin, B. L. Exploring the nomological network of workplace deviance: Developing and validating a measure of constructive deviance [J]. Journal of Applied Social Psychology, 2012, 42 (12): 2988 - 3025.

[86] Gao, L., Janssen, O., Shi, K. Leader trust and employee voice: The moderating role of empowering leader behaviors [J]. The Leadership Quarterly, 2011, 22 (4): 787 - 798.

[87] García - Cabrera, A. M., Hernández, F. G. Differentiating the three components of resistance to change: The moderating effect of organization - based self - esteem on the employee involvement - resistance relation [J]. Human Resource Development Quarterly, 2014, 25 (4): 441 - 469.

[88] Gardner, D. G., Huang, G. H., Niu, X., et al. Organization - based self - esteem, psychological contract fulfillment, and perceived employment opportunities: A test of self - regulatory theory [J]. Human Resource Management, 2015, 54 (6): 933 - 953.

[89] Gardner, D. G., Pierce, J. L. Focus of attention at work and organi-

zation - based self - esteem [J]. Journal of Managerial Psychology, 2013, 28 (2): 110 - 132.

[90] Gardner, D. G., Pierce, J. L. Organization - based self - esteem in work teams [J]. Group Processes & Intergroup Relations, 2016, 19 (3): 394 - 408.

[91] Ghosh, R., Reio, Jr. T. G., Haynes, R. K. Mentoring and organizational citizenship behavior: Estimating the mediating effects of organization - based self - esteem and affective commitment [J]. Human Resource Development Quarterly, 2012, 23 (1): 41 - 63.

[92] Gkorezis, P., Bellou, V., Adcroft, A., et al. The relationship between workplace ostracism and information exchange: The mediating role of self - serving behavior [J]. Management Decision, 2016, 54 (3): 700 - 713.

[93] Grant, A. M., Berry, J. W. The Necessity of others is the mother of invention: Intrinsic and prosocial motivations, perspective taking, and creativity [J]. Academy of Management Journal, 2011, 54 (1): 73 - 96.

[94] Grosser, T. J., Obstfeld, D., Choi, E. W., et al. A sociopolitical perspective on employee innovativeness and job performance: The role of political skill and network structure [J]. Organization Science, 2018, 29 (4): 612 - 632.

[95] Guan, P., Capezio, A., Restubog, S. L. D., et al. The role of traditionality in the relationships among parental support, career decision - making self - efficacy and career adaptability [J]. Journal of Vocational Behavior, 2016, (94): 114 - 123.

[96] Hackman, J. R., Lawler, E. E. Employee reactions to job characteristics [J]. Journal of Applied Psychology, 1971, 55 (3): 259 - 286.

[97] Haider, S., Carmen, D. P. H., Ahmed, M. A three - wave time - lagged study of mediation between positive feedback and organizational citizenship behavior: The role of organization - based self - esteem [J]. Psychology research and behavior management, 2019, (12): 241 - 253.

[98] Hakimi, N., Van Knippenberg, D., Giessner, S. Leader empowe-

ring behaviour: The leader's perspective [J]. British Journal of Management, 2010, 21 (3): 701 -716.

[99] Halbesleben, J. R. B., Neveu, J. P., Paustian - Underdahl, S. C., et al. Getting to the "COR" understanding the role of resources in conservation of resources theory [J]. Journal of Management, 2014, 40 (5): 1334 -1364.

[100] Hao, P., He, W., Long, L. R. Why and when empowering leadership has different effects on employee work performance: The pivotal roles of passion for work and role breadth self - efficacy [J]. Journal of Leadership & Organizational Studies, 2018, 25 (1): 85 -100.

[101] Harris, K. J., Harris, R. B., Brouer, R. L. LMX and subordinate political skill: Direct and interactive effects on turnover intentions and job satisfaction [J]. Journal of Applied Social Psychology, 2009, 39 (10): 2373 -2395.

[102] Harris, K. J., Kacmar, K. M., Zivnuska, S., et al. The impact of political skill on impression management effectiveness [J]. Journal of Applied psychology, 2007, 92 (1): 278 -285.

[103] Harvey, M., Moeller, M., Kiessling, T., et al. Ostracism in the workplace [J]. Organizational Dynamics, 2018: 1 -10.

[104] Harvey, P., Harris, R. B., Harris, K. J., et al. Attenuating the effects of social stress: The impact of political skill [J]. Journal of Occupational Health Psychology, 2007, 12 (2): 105 -115.

[105] Hassan, S., Mahsud, R., Yukl, G., et al. Ethical and empowering leadership and leader effectiveness [J]. Journal of Managerial Psychology, 2013, 28 (2): 133 -146.

[106] Hassan, S., DeHart - Davis, L., Jiang, Z. How empowering leadership reduces employee silence in public organizations [J]. Public Administration, 2019, 97 (1): 116 -137.

[107] Hayek, M., Randolph - Seng, B., Williams, W. A., et al. A dark side of political skill? Awareness and life satisfaction in a Latin American Business [J]. Journal of Management & Organization, 2017, 23 (3): 405 -422.

[108] Hitlan, R. T., Kelly, K. M., Schepman, S., et al. Language exclusion and the consequences of perceived ostracism in the workplace [J]. Group Dynamics: Theory, Research, and Practice, 2006, 10 (1): 56-70.

[109] Hitlan, R. T., Noel, J. The influence of workplace exclusion and personality on counterproductive work behaviours: An interactionist perspective [J]. European Journal of Work and Organizational Psychology, 2009, 18 (4): 477-502.

[110] Hobfoll, S. E. Conservation of resources: A new attempt at conceptualizing stress [J]. American Psychologist, 1989, 44 (3): 513-524.

[111] Hobfoll, S. E. Conservation of resources caravans and engaged settings [J]. Journal of Occupational and Organizational Psychology, 2011, 84 (1): 116-122.

[112] Hochwarter, W. A., Ferris, G. R., Gavin, M. B., et al. Political skill as neutralizer of felt accountability - job tension effects on job performance ratings: A longitudinal investigation [J]. Organizational Behavior and Human Decision Processes, 2007, 102 (2): 226-239.

[113] Hood, A. C., Cruz, K. S., Bachrach, D. G. Conflicts with friends: A multiplex view of friendship and conflict and its association with performance in teams [J]. Journal of Business and Psychology, 2017, 32 (1): 73-86.

[114] Howard, M. C., Cogswell, J. E., Smith, M. B. The antecedents and outcomes of workplace ostracism: A meta - analysis [J]. Journal of Applied Psychology, 2020, 105 (6): 577-596.

[115] Hsu, F. S., Liu, Y., Tsaur, S. H. The impact of workplace bullying on hotel employees' well - being: Do organizational justice and friendship matter? [J]. International Journal of Contemporary Hospitality Management, 2019, 31 (4): 1702-1719.

[116] Hu, C., Baranik, L. E., Cheng, Y. N., et al. Mentoring support and protégé creativity: Examining the moderating roles of job dissatisfaction and Chinese traditionality [J]. Asia Pacific Journal of Human Resources, 2019, 57 (2): 1-21.

[117] Hughes, L. W., Palmer, D. K. An investigation of the effects of psychological contract and organization – based self – esteem on organizational commitment in a sample of permanent and contingent workers [J]. Journal of Leadership & Organizational Studies, 2007, 14 (2): 143 – 156.

[118] Hui, C., Lee, C., Rousseau, D. M. Employment relationships in China: Do workers relate to the organization or to people? [J]. Organization Science, 2004, 15 (2): 232 – 240.

[119] Hui, C., Lee, C. Moderating effects of organization – based self – esteem on the relationship between perception of organizational uncertainty and employee response [J]. Journal of Management, 2000, 26 (2): 215 – 232.

[120] Humborstad, S. I. W., Nerstad, C. G. L., Dysvik, A. Empowering leadership, employee goal orientations and work performance [J]. Personnel Review, 2014, 43 (2): 246 – 271.

[121] Hung, H. K., Yeh, R. S., Shih, H. Y. Voice behavior and performance ratings: The role of political skill [J]. International Journal of Hospitality Management, 2012, 31 (2): 442 – 450.

[122] Jahanzeb, S., Fatima, T. How workplace ostracism influences interpersonal deviance: The mediating role of defensive silence and emotional exhaustion [J]. Journal of Business and Psychology, 2018, 33 (6): 779 – 791.

[123] Jahanzeb, S., Fatima, T., Malik, M. A. R. Supervisor ostracism and defensive silence: A differential needs approach [J]. European Journal of Work and Organizational Psychology, 2018, 27 (4): 430 – 440.

[124] Jada, U. R., Mukhopadhyay, S. Understanding the effects of empowering, transformational and ethical leadership on promotive and prohibitive voice [J]. Personnel Review, 2019, 48 (3): 707 – 730.

[125] Jawahar, I. M., Stone, T. H., Kisamore, J. L. Role conflict and burnout: The direct and moderating effects of political skill and perceived organizational support on burnout dimensions [J]. International Journal of Stress Management, 2007, 14 (2): 142 – 159.

[126] John, F., Raghid, A. H., Vongas, J. G. Workplace ostracism seen

through the lens of power [J]. Frontiers in Psychology, 2017, (8): 1 – 19.

[127] Jones, E. E., Kelly, J. R. 'Why am I out of the loop?' Attributions influence responses to information exclusion [J]. Personality and Social Psychology Bulletin, 2010, 36 (9): 1186 – 1201.

[128] Ju, D., Ma, L., Ren, R., et al. Empowered to break the silence: Applying self – determination theory to employee silence [J]. Frontiers in Psychology, 2019, (10): 1 – 10.

[129] Juma, N., Lee, J. Y. The moderating effects of traditionality – modernity on the effects of internal labor market beliefs on employee affective commitment and their turnover intention [J]. The International Journal of Human Resource Management, 2012, 23 (11): 2315 – 2332.

[130] Kacmar, K. M., Andrews, M. C., Harris, K. J., et al. Ethical leadership and subordinate outcomes: The mediating role of organizational politics and the moderating role of political skill [J]. Journal of Business Ethics, 2013, 115 (1): 33 – 44.

[131] Kanwal, I., Lodhi, R. N., Kashif, M. Leadership styles and workplace ostracism among frontline employees [J]. Management Research Review, 2019, 42 (8): 991 – 1013.

[132] Kapoutsis, I., Papalexandris, A., Nikolopoulos, A., et al. Politics perceptions as moderator of the political skill – job performance relationship: A two – study, cross – national, constructive replication [J]. Journal of Vocational Behavior, 2011, 78 (1): 123 – 135.

[133] Kaya, C., Ataman, G., Aydin, B. Y. Workplace ostracism and work engagement: The moderating role of neuroticism [J]. International Journal of Business and Management, 2017, 5 (2): 17 – 28.

[134] Kearney, E., Shemla, M., van Knippenberg, D., et al. A paradox perspective on the interactive effects of visionary and empowering leadership [J]. Organizational Behavior and Human Decision Processes, 2019, (155): 20 – 30.

[135] Kerr, N. L., Seok, D. H., Poulsen, J. R., et al. Social ostra-

cism and group motivation gain [J]. European Journal of Social Psychology, 2008, 38 (4): 736 - 746.

[136] Khaleel, M., Chelliah, S., Khalid, J., et al. Employee engagement as an outcome of friendship at workplace: Moderating role of job embeddedness [J]. International Journal of Academic Research in Business and Social Sciences, 2016, 6 (6): 1 - 6.

[137] Kim, D., Moon, C. W., Shin, J. Linkages between empowering leadership and subjective well - being and work performance via perceived organizational and co - worker support [J]. Leadership & Organization Development Journal, 2018, 39 (7): 844 - 858.

[138] Kim, M., Beehr, T. A. Can empowering leaders affect subordinates' well - being and careers because they encourage subordinates' job crafting behaviors? [J]. Journal of Leadership & Organizational Studies, 2018a, 25 (2): 184 - 196.

[139] Kim, M., Beehr, T. A. Empowering leadership: Leading people to be present through affective organizational commitment? [J]. The International Journal of Human Resource Management, 2020, 31 (16): 1 - 47.

[140] Kim, M., Beehr, T. A. Organization - based self - esteem and meaningful work mediate effects of empowering leadership on employee behaviors and well - being [J]. Journal of Leadership & Organizational Studies, 2018b, 25 (4): 385 - 398.

[141] Kim, M., Beehr, T. A. Self - efficacy and psychological ownership mediate the effects of empowering leadership on both good and bad employee behaviors [J]. Journal of Leadership & Organizational Studies, 2017, 24 (4): 466 - 478.

[142] Kim, M., Beehr, T. A., Prewett, M. S. Employee responses to empowering leadership: A meta - analysis [J]. Journal of Leadership & Organizational Studies, 2018, 25 (3): 257 - 276.

[143] Kim, S. L. The interaction effects of proactive personality and empowering leadership and close monitoring behaviour on creativity [J]. Creativity and

Innovation Management, 2019, 28 (2): 230 - 239.

[144] Kim, T. T., Karatepe, O. M., Chung, U. Y. Got political skill?: The direct and moderating impact of political skill on stress, tension and outcomes in restaurants [J]. International Journal of Contemporary Hospitality Management, 2019, 31 (3): 1367 - 1389.

[145] Kimura, T. A review of political skill: Current research trend and directions for future research [J]. International Journal of Management Reviews, 2015, 17 (3): 312 - 332.

[146] Konczak, L. J., Stelly, D. J., Trusty, M. L. Defining and measuring empowering leader behaviors: Development of an upward feedback instrument [J]. Educational and Psychological Measurement, 2000, 60 (2): 301 - 313.

[147] Kouchaki, M., Wareham, J. Excluded and behaving unethically: Social exclusion, physiological responses, and unethical behavior [J]. Journal of Applied Psychology, 100 (2): 547 - 556.

[148] Kundu, S. C., Kumar, S., Gahlawat, N. Empowering leadership and job performance: Mediating role of psychological empowerment [J]. Management Research Review, 2019, 42 (5): 605 - 624.

[149] Kura, K. M., Shamsudin, F. M., Chauhan, A. Organisational trust as a mediator between perceived organisational support and constructive deviance [J]. International Journal of Business and Society, 2016, 17 (1): 1 - 18.

[150] Kwak, W. J., Jackson, C. L. Relationship building in empowering leadership processes: A test of mediation and moderation [J]. Journal of Management & Organization, 2015, 21 (4): 369 - 387.

[151] Kwan, H. K., Zhang, X., Liu, J., et al. Workplace ostracism and employee creativity: An integrative approach incorporating pragmatic and engagement roles [J]. Journal of Applied Psychology, 2018, 103 (12): 1358 - 1366.

[152] Lapointe, E., Vandenberghe, C., Panaccio, A. Organizational commitment, organization - based self - esteem, emotional exhaustion and turnover: A conservation of resources perspective [J]. Human Relations, 2011, 64

(12): 1609 – 1631.

[153] Lee, A., Willis, S., Tian, A. W. Empowering leadership: A meta – analytic examination of incremental contribution, mediation, and moderation [J]. Journal of Organizational Behavior, 2018, 39 (3): 306 – 325.

[154] Lee, J. An analysis of the antecedents of organization – based self – esteem in two Korean banks [J]. International Journal of Human Resource Management, 2003, 14 (6): 1046 – 1066.

[155] Lee, J., Peccei, R. Perceived organizational support and affective commitment: The mediating role of organization – based self – esteem in the context of job insecurity [J]. Journal of Organizational Behavior, 2007, 28 (6): 661 – 685.

[156] Lee, K. Y., Duffy, M. K. A functional model of workplace envy and job performance: When do employees capitalize on envy by learning from envied targets? [J]. Academy of Management Journal, 2019, 62 (4): 1085 – 1110.

[157] Lee, M. C. C., Idris, M. A., Delfabbro, P. H. The linkages between hierarchical culture and empowering leadership and their effects on employees' work engagement: Work meaningfulness as a mediator [J]. International Journal of Stress Management, 2017, 24 (4): 392 – 415.

[158] Lee, S., Cheong, M., Kim, M., et al. Never too much? The curvilinear relationship between empowering leadership and task performance [J]. Group & Organization Management, 2017, 42 (1): 11 – 38.

[159] Leung, A. S. M., Wu, L. Z., Chen, Y. Y., et al. The impact of workplace ostracism in service organizations [J]. International Journal of Hospitality Management, 2011, 30 (4): 836 – 844.

[160] Li, F., Yu, K. F., Jane, Y., et al. Authentic leadership, traditionality, and interactional justice in the Chinese context [J]. Management and Organization Review, 2014, 10 (2): 249 – 273.

[161] Li, J., Sun, G., Cheng, Z. The influence of political skill on salespersons' work outcomes: A resource perspective [J]. Journal of Business

Ethics, 2017, 141 (3): 551 –562.

[162] Li, M., Liu, W., Han, Y., et al. Linking empowering leadership and change – oriented organizational citizenship behavior [J]. Journal of Organizational Change Management, 2016, 29 (5): 732 –750.

[163] Li, N., Chiaburu, D. S., Kirkman, B. L. Cross – level influences of empowering leadership on citizenship behavior: Organizational support climate as a double – edged sword [J]. Journal of Management, 2017, 43 (4): 1076 – 1102.

[164] Li, S. L., He, W., Yam, K. C., et al. When and why empowering leadership increases followers' taking charge: A multilevel examination in China [J]. Asia Pacific Journal of Management, 2015, 32 (3): 645 –670.

[165] Li, S. L., Huo, Y., Long, L. R. Chinese traditionality matters: Effects of differentiated empowering leadership on followers' trust in leaders and work outcomes [J]. Journal of Business Ethics, 2017, 145 (1): 81 –93.

[166] Li, X., Qian, J., Han, Z. R., et al. Coping with abusive supervision: The neutralizing effects of perceived organizational support and political skill on employees' burnout [J]. Current Psychology, 2016, 35 (1): 77 –82.

[167] Lin, B., Mainemelis, C., Kark, R. Leaders' responses to creative deviance: Differential effects on subsequent creative deviance and creative performance [J]. The Leadership Quarterly, 2016, 27 (4): 537 –556.

[168] Liu, C., Chen, W. X. Y., Huang, J. Supervisor incivility and employee silence: Does Chinese traditionality matter? [J]. International Journal of Business and Social Science, 2018, 9 (6): 51 –59.

[169] Liu, H., Xia, H. Workplace ostracism: A review and directions for future research [J]. Journal of Human Resource and Sustainability Studies, 2016, 4 (3): 197 –201.

[170] Liu, J., Hui, C., Lee, C., et al. Why do I feel valued and why do I contribute? A relational approach to employee's organization – based self – esteem and job performance [J]. Journal of Management Studies, 2013, 50 (6): 1018 – 1040.

[171] Liu, J., Kwan, H. K., Fu, P. P., et al. Ethical leadership and job performance in China: The roles of workplace friendships and traditionality [J]. Journal of Occupational and Organizational Psychology, 2013, 86 (4): 564-584.

[172] Liu, J., Kwan, H. K., Lee, C., et al. Work-to-family spillover effects of workplace ostracism: The role of work-home segmentation preferences [J]. Human Resource Management, 2013, 52 (1): 75-93.

[173] Liu, J., Kwong, K. H., Wu, L., et al. Abusive supervision and subordinate supervisor-directed deviance: The moderating role of traditional values and the mediating role of revenge cognitions [J]. Journal of Occupational and Organizational Psychology, 2010, 83 (4): 835-856.

[174] Liu, Y., Ferris, G. R., Zinko, R., et al. Dispositional antecedents and outcomes of political skill in organizations: A four-study investigation with convergence [J]. Journal of Vocational Behavior, 2007, 71 (1): 146-165.

[175] Lorinkova, N. M., Pearsall, M. J., Sims, Jr. H. P. Examining the differential longitudinal performance of directive versus empowering leadership in teams [J]. Academy of Management Journal, 2013, 56 (2): 573-596.

[176] Lorinkova, N. M., Perry, S. J. When is empowerment effective? The role of leader-leader exchange in empowering leadership, cynicism, and time theft [J]. Journal of Management, 2017, 43 (5): 1631-1654.

[177] Lu, C., Du, D., Xu, X., et al. Revisiting the relationship between job demands and job performance: The effects of job security and traditionality [J]. Journal of Occupational and Organizational Psychology, 2017, 90 (1): 28-50.

[178] Lu, X., Guy, M. E. Political skill, organizational justice, and career success in mainland China [J]. International Review of Administrative Sciences, 2018, 84 (2): 371-388.

[179] Lyu, Y., Zhu, H. The predictive effects of workplace ostracism on employee attitudes: A job embeddedness perspective [J]. Journal of Business

Ethics, 2019, 158 (4): 1083 - 1095.

[180] Maher, L. P., Gallagher, V. C., Rossi, A. M., et al. Political skill and will as predictors of impression management frequency and style: A three - study investigation [J]. Journal of Vocational Behavior, 2018, 107 (4): 276 - 294.

[181] Mainemelis, C. Stealing fire: Creative deviance in the evolution of new ideas [J]. Academy of Management Review, 2010, 35 (4): 558 - 578.

[182] Mao, H. Y., Hsieh, A. T., Chen, C. Y. The relationship between workplace friendship and perceived job significance [J]. Journal of Management & Organization, 2012, 18 (2): 247 - 262.

[183] Mao, H. Y., Hsieh, A. T. Perceived job insecurity and workplace friendship [J]. European Journal of International Management, 2013, 7 (6): 646 - 670.

[184] Mao, Y., Liu, Y., Jiang, C., et al. Why am I ostracized and how would I react? —A review of workplace ostracism research [J]. Asia Pacific Journal of Management, 2018, 35 (3): 745 - 767.

[185] Martin, S. L., Liao, H., Campbell, E. M. Directive versus empowering leadership: A field experiment comparing impacts on task proficiency andproactivity [J]. Academy of Management Journal, 2013, 56 (5): 1372 - 1395.

[186] Masson, T., Fritsche, I. Loyal peripherals? The interactive effects of identification and peripheral group membership on deviance from non - beneficial ingroup norms [J]. European Journal of Social Psychology, 2019, 49 (1): 76 - 92.

[187] Matsuda, Y., Pierce, J. L., Ishikawa, R. Development and validation of the Japanese version of organization - based self - esteem scale [J]. Journal of Occupational Health, 2011, 53 (3): 188 - 196.

[188] Mcallister, C. P., Ellen, B. P., Ferris, G. R. Social influence opportunity recognition, evaluation, and capitalization: Increased theoretical specification through political skill's dimensional dynamics [J]. Journal of Manage-

ment, 2016, 44 (5): 1926 - 1952.

[189] Meagher, B. R., Marsh, K. L. Seeking the safety of sociofugal space: Environmental design preferences following social ostracism [J]. Journal of Experimental Social Psychology, 2017, (68): 192 - 199.

[190] Mertens, W., Recker, J., Kohlborn, T., et al. A framework for the study of positive deviance in organizations [J]. Deviant Behavior, 2016, 37 (11): 1288 - 1307.

[191] Mertens, W., Recker, J., Kummer, T. F., et al. Constructive deviance as a driver for performance in retail [J]. Journal of Retailing and Consumer Services, 2016, (30): 193 - 203.

[192] Mertens, W., Recker, J. How store managers can empower their teams to engage in constructive deviance: Theory development through a multiple case study [J]. Journal of Retailing and Consumer Services, 2020, (52): 1 - 61.

[193] Methot, J. R., Lepine, J. A., Podsakoff, N. P., et al. Are workplace friendships a mixed blessing? Exploring tradeoffs of multiplex relationships and their associations with job performance [J]. Personnel Psychology, 2016, 69 (2): 311 - 355.

[194] Morrison, R. L. Are women tending and befriending in the workplace? Gender differences in the relationship between workplace friendships and organizational outcomes [J]. Sex Roles, 2009, 60 (1): 1 - 13.

[195] Muchiri, M. K., McMurray, A. J., Nkhoma, M., et al. How transformational and empowering leader behaviors enhance workplace safety: A review and research agenda [J]. The Journal of Developing Areas, 2019, 53 (1): 257 - 265.

[196] Munyon, T. P., Summers, J. K., Thompson, K. M., et al. Political skill and work outcomes: A theoretical extension, meta - analytic investigation, and agenda for the future [J]. Personnel Psychology, 2015, 68 (1): 143 - 184.

[197] Narayanan, J., Tai, K., Kinias, Z. Power motivates interpersonal

connection following social exclusion [J]. Organizational Behavior and Human Decision Processes, 2013, 122 (2): 257 -265.

[198] Narayanan, K., Murphy, S. E. Conceptual framework on workplace deviance behaviour: A review [J]. Journal of Human Values, 2017, 23 (3): 218 -233.

[199] Naus, F., van Iterson, A. D., Roe, R. A. Value incongruence, job autonomy, and organization - based self - esteem: A self - based perspective on organizational cynicism [J]. European Journal of Work and Organizational Psychology, 2007, 16 (2): 195 -219.

[200] Neves, P. Exploring a model of workplace ostracism: The value of coworker humor [J]. International Journal of Stress Management, 2018, 25 (4): 1 -44.

[201] Ng, T. W. H. Can idiosyncratic deals promote perceptions of competitive climate, felt ostracism, and turnover? [J]. Journal of Vocational Behavior, 2017, (99): 118 -131.

[202] Ng, T. W. H., Yam, K. C. When and why does employee creativity fuel deviance? Key psychological mechanisms [J]. Journal of Applied Psychology, 2019, 104 (9): 11 -44.

[203] Nielsen, I. K., Jex, S. M., Adams, G. A. Development and validation of scores on a two - dimensional workplace friendship scale [J]. Educational and Psychological Measurement, 2000, 60 (4): 628 -643.

[204] Norman, S. M., Gardner, D. G., Pierce, J. L. Leader roles, organization - based self - esteem, and employee outcomes [J]. Leadership & Organization Development Journal, 2015, 36 (3): 253 -270.

[205] Oerder, K., Blickle, G., Summers, J. K. How work context and age shape political skill [J]. Journal of Managerial Psychology, 2014, 29 (5): 582 -599.

[206] Ofoegbu, O. E., Akanbi, P. A., Akhanolu, I. O. Association between perception of organizational politics and workplace friendship [J]. International Business and Management, 2012, 5 (2): 61 -70.

[207] Ofoegbu, O. E., Akanbi, P. A. Exploring the link between emotional intelligence and workplace friendship [J]. International Journal of Business, 2013, 3 (3): 45 - 54.

[208] Okoe, A., Boateng, H., Mensah, T. The effects of job satisfaction, employee commitment, workplace friendship and team culture on service recovery performance [J]. Management Science Letters, 2016, 6 (11): 713 - 722.

[209] Omuris, E. Workplace friendship in hospitality organizations: A scale development [J]. International Journal of Contemporary Hospitality Management, 2019, 31 (3): 1390 - 1411.

[210] O'Reilly, J., Robinson, S. L., Berdahl, J. L., et al. Is negative attention better than no attention? The comparative effects of ostracism and harassment at work [J]. Organization Science, 2015, 26 (3): 774 - 793.

[211] O'Reilly, J., Robinson, S. L. The negative impact of ostracism on thwarted belongingness and workplace contributions [J]. Academy of Management Proceedings, 2009: 1 - 7.

[212] Pan, X. F., Qin, Q. W., Zhang, Y. H., et al. Psychological ownership, organization - based self - esteem and positive organizational behaviors [J]. Chinese Management Studies, 2014, 8 (1): 127 - 148.

[213] Pan, W., Sun, L., Sun, L., et al. Abusive supervision and job - oriented constructive deviance in the hotel industry: Test of a nonlinear mediation and moderated curvilinear model [J]. International Journal of Contemporary Hospitality Management, 2018, 30 (5): 2249 - 2267.

[214] Park, J. G., Kim, J. S., Yoon, S. W., et al. The effects of empowering leadership on psychological well - being and job engagement [J]. Leadership & Organization Development Journal, 2017, 38 (3): 1 - 37.

[215] Parker, S. K., Bindl, U. K., Strauss, K. Making things happen: A model of proactive motivation [J]. Journal of Management, 2010, 36 (4): 827 - 856.

[216] Pearce, C. L., Sims, Jr. H. P. Vertical versus shared leadership as

predictors of the effectiveness of change management teams: An examination of aversive, directive, transactional, transformational, and empowering leader behaviors [J]. Group Dynamics: Theory, Research, and Practice, 2002, 6 (2): 172 - 197.

[217] Peng, A. C., Zeng, W. Workplace ostracism and deviant and helping behaviors: The moderating role of 360 degree feedback [J]. Journal of Organizational Behavior, 2017, 38 (6): 833 - 855.

[218] Perrewé, P. L., Zellars, K. L., Rossi, A. M., et al. Political skill: An antidote in the role overload - strain relationship [J]. Journal of Occupational Health Psychology, 2005, 10 (3): 239 - 250.

[219] Pfundmair, M., Graupmann, V., Frey, D., et al. The different behavioral intentions of collectivists and individualists in response to social exclusion [J]. Personality and Social Psychology Bulletin, 2015, 41 (3): 363 - 378.

[220] Pierce, J. L., Gardner, D. G., Cummings, L. L., et al. Organization - based self - esteem: Construct definition, measurement, and validation [J]. Academy of ManagementJournal, 1989, 32 (3): 622 - 648.

[221] Pierce, J. L., Gardner, D. G. Self - esteem within the work and organizational context: A review of the organization - based self - esteem literature [J]. Journal of Management, 2004, 30 (5): 591 - 622.

[222] Pillemer, J., Rothbard, N. P. Friends without benefits: Understanding the dark sides of workplace friendship [J]. Academy of Management Review, 2018, 43 (4): 635 - 660.

[223] Pillutla, M. M., Farh, J. L., Lee, C., et al. An investigation of traditionality as a moderator of reward allocation [J]. Group & Organization Management, 2007, 32 (2): 233 - 253.

[224] Qian, J., Lin, X. S., Han, Z. R., et al. What matters in the relationship between mentoring and job - related stress? The moderating effects of protégés' traditionality and trust in mentor [J]. Journal of Management & Organization, 2014, 20 (5): 608 - 623.

[225] Qian, J., Song, B., Jin, Z., et al. Linking empowering leadership to task performance, taking charge, and voice: The mediating role of feedback – seeking [J]. Frontiers inPsychology, 2018, (9): 1 – 11.

[226] Quade, M. J., Greenbaum, R. L., Petrenko, O. V. "I don't want to be near you, unless..." : The interactive effect of unethical behavior and performance onto relationship conflict and workplace ostracism [J]. Personnel Psychology, 2017, 70 (3): 675 – 709.

[227] Rai, A., Agarwal, U. A. Examining workplace bullying – outcomes relationships among Indian managers: Psychological contract violation as mediator and workplace friendship as moderator [J]. Employee Realtions, 2018a, 40 (6): 1015 – 1035.

[228] Rai, A., Agarwal, U. A. Linking workplace bullying and EVLN outcomes: Role of psychological contract violation and workplace friendship [J]. International Journal of Manpower, 2019, 40 (2): 211 – 227.

[229] Rai, A., Agarwal, U. A. Workplace bullying and employee silence: A moderated mediation model of psychological contract violation and workplace friendship [J]. Personnel Review, 2018b, 47 (1): 226 – 256.

[230] Riva, P., Williams, K. D., Torstrick, A. M., et al. Orders to shoot (a camera): Effects of ostracism on obedience [J]. Journal of Social Psychology, 2014, 154 (3): 208 – 216.

[231] Raub, S., Robert, C. Differential effects of empowering leadership on in – role and extra – role employee behaviors: Exploring the role of psychological empowerment and power values [J]. Human Relations, 2010, 63 (11): 1743 – 1770.

[232] Reh, S., Tröster, C., van Quaquebeke, N. Keeping (future) rivals down: Temporal social comparison predicts coworker social undermining via future status threat and envy [J]. Journal of Applied Psychology, 2018, 103 (4): 399 – 415.

[233] Robbins, D. L., Galperin, B. L. Constructive deviance: Striving toward organizational change in healthcare [J]. Journal of Management and Mar-

keting Research, 2010, (1): 1-11.

[234] Robinson, S. L., O'Reilly, J., Wang, W. Invisible at work: An integrated model of workplace ostracism [J]. Journal of Management, 2013, 39 (1): 203-231.

[235] Rumens, N. Researching workplace friendships: Drawing insights from the sociology of friendship [J]. Journal of Social & Personal Relationships, 2016, 34 (8): 1-19.

[236] Schilpzand, P., Houston, L., Cho, J. Not too tired to be proactive: Daily empowering leadership spurs next-morning employee proactivity as moderated by nightly sleep quality [J]. Academy of Management Journal, 2018, 61 (6): 2367-2387.

[237] Scott, K. L., Duffy, M. K. Antecedents of workplace ostracism: New directions in research and intervention [J]. Mistreatment in organizations, 2015, (13): 137-165.

[238] Scott, K. L., Restubog, S. L. D., Zagenczyk, T. J. A social exchange-based model of the antecedents of workplace exclusion [J]. Journal of Applied Psychology, 2013, 98 (1): 37-48.

[239] Sharma, P. N., Kirkman, B. L. Leveraging leaders: A literature review and future lines of inquiry for empowering leadership research [J]. Group & Organization Management, 2015, 40 (2): 193-237.

[240] Shaughnessy, B. A., Treadway, D. C., Breland, J. W., et al. Informal leadership status and individual performance: The roles of political skill and political will [J]. Journal of Leadership & Organizational Studies, 2017, 24 (1): 83-94.

[241] Sias, P. M., Heath, R. G., Perry, T., et al. Narratives of workplace friendship deterioration [J]. Journal of Social and Personal Relationships, 2004, (21): 321-340.

[242] Sibunruang, H., Capezio, A., Restubog, S. L. D. Getting ahead through flattery: Examining the moderating roles of organization-based self-esteem and political skill in the ingratiation-promotability relationship [J]. Jour-

nal of Career Assessment, 2014, 22 (4): 610 – 626.

[243] Slaughter, B. B. The relationship between leader gender and empowering behavior [D]. Fielding Graduate University, 2012.

[244] Solga, M., Betz, J., Düsenberg, M., et al. Political skill in job negotiations: A two – study constructive replication [J]. International Journal of Conflict Management, 2015, 26 (1): 2 – 24.

[245] Song, S. H., Olshfski, D. Friendship at work: A comparative study of work attitudes in Seoul city government and New Jersey state government [J]. Administration and Society, 2008, (40): 147 – 169.

[246] Soriano, D. R. Political skills in organizations: Do personality and reputation play a role? [J]. Academy of Management Perspectives, 2008, 22 (1): 66 – 68.

[247] Spreitzer, G. M., Perttula, K. H., Xin, K. Traditionality matters: An examination of the effectiveness of transformational leadership in the United States and Taiwan [J]. Journal of Organizational Behavior, 2005, 26 (3): 205 – 227.

[248] Spreitzer, G. M., Sonenshein, S. Toward the construct definition of positive deviance [J]. American Behavioral Scientist, 2004, 47 (6): 828 – 847.

[249] Srivastava, A., Bartol, K. M., Locke, E. A. Empowering leadership in management teams: Effects on knowledge sharing, efficacy, and performance [J]. Academy of Management Journal, 2006, 49 (6): 1239 – 1251.

[250] Steinbauer, R., Renn, R. W., Chen, H. S., et al. Workplace ostracism, self – regulation, and job performance: Moderating role of intrinsic work motivation [J]. The Journal of Social Psychology, 2018, 158 (6): 767 – 783.

[251] Sui, Y., Wang, H. Relational evaluation, organization – based self – esteem, and performance: The moderating role of allocentrism [J]. Journal of Leadership & Organizational Studies, 2014, 21 (1): 17 – 28.

[252] Summers, J. K., Munyon, T. P., Brouer, R. L., et al. Political

skill in the stressor – strain relationship: A meta – analytic update and extension [J]. Journal of Vocational Behavior, 2020, 118: 1 – 18.

[253] Sun, S., van Emmerik, H. I. J. Are proactive personalities always beneficial? Political skill as a moderator [J]. Journal of Applied Psychology, 2015, 100 (3): 1 – 10.

[254] Tajfel, H., Turner, J. C. The social identity theory of intergroup behavior [M]. Chichago: Nelson – Hall, 1986.

[255] Templer, K. J. Dark personality, job performance ratings, and the role of political skill: An indication of why toxic people may get ahead at work [J]. Personality & Individual Differences, 2018, (124): 209 – 214.

[256] Tenzer, H., Yang, P. Personality, values, or attitudes? Individual – level antecedents to creative deviance [J]. International Journal of Innovation Management, 2019a, 23 (2): 1 – 36.

[257] Tenzer, H., Yang, P. The impact of organisational support and individual achievement orientation on creative deviance [J]. International Journal of Innovation Management, 2019b, (24): 1 – 28.

[258] Thompson, G., Buch, R., Kuvaas, B. Political skill, participation in decision – making and organizational commitment [J]. Personnel Review, 2017, 46 (4): 740 – 749.

[259] Treadway, D. C., Ferris, G. R., Duke, A. B., et al. The moderating role of subordinate political skill on supervisors' impressions of subordinate ingratiation and ratings of subordinate interpersonal facilitation [J]. Journal of Applied Psychology, 2007, 92 (3): 848 – 855.

[260] Treadway, D. C., Shaughnessy, B. A., Breland, J. W., et al. Political skill and the job performance of bullies [J]. Journal of Managerial Psychology, 2013, 28 (3): 273 – 289.

[261] Tuckey, M. R., Bakker, A. B., Dollard, M. F. Empowering leaders optimize working conditions for engagement: A multilevel study [J]. Journal of Occupational Health Psychology, 2012, 17 (1): 15 – 27.

[262] Tu, M., Cheng, Z., Liu, W. Spotlight on the effect of workplace

ostracism on creativity: A social cognitive perspective [J]. Frontiers in psychology, 2019, (10): 1215 -1227.

[263] Twenge, J. M., Catanese, K. R., Baumeister, R. F. Social exclusion and the deconstructed state: Time perception, meaninglessness, lethargy, lack of emotion, and self - awareness [J]. Journal of Personality and Social Psychology, 2003, 85 (3): 409 -423.

[264] Tziner, A., Fein, E. C., Sharoni, G., et al. Constructive deviance, leader - member exchange, and confidence in appraisal: How do they interrelate, if at all? [J]. Journal of Work and Organizational Psychology, 2010, 26 (2): 95 -100.

[265] Vadera, A. K., Pratt, M. G., Mishra, P. Constructive deviance in organizations: Integrating and moving forward [J]. Journal of Management, 2013, 39 (5): 1221 -1276.

[266] Van Dijke, M., De Cremer, D., Mayer, D. M. When does procedural fairness promote organizational citizenship behavior? Integrating empowering leadership types in relational justice models [J]. Organizational Behavior and Human Decision Processes, 2012, 117 (2): 235 -248.

[267] Vecchio, R. P., Justin, J. E., Pearce, C. L. Empowering leadership: An examination of mediating mechanisms within a hierarchical structure [J]. The Leadership Quarterly, 2010, 21 (3): 530 -542.

[268] Wang, H., Lu, C., Lu, L. Do people with traditional values suffer more from job insecurity? The moderating effects of traditionality [J]. European Journal of Work and Organizational Psychology, 2014, 23 (1): 107 -117.

[269] Wang, M. Z., Hall, J. A. Political skill and outcomes in social life [J]. Personality and Individual Differences, 2019, (149): 192 -199.

[270] Wang, Z., Li, G. You don't actually want to get closer to the star: How LMX leads to workplace ostracism [J]. Frontiers of Business Research in China, 2018, 12 (1): 1 -13.

[271] Warren, D. E. Constructive and destructive deviance in organizations

[J]. Academy of Management Review, 2003, 28 (4): 622 -632.

[272] Warren, D. E. The persistence of organizational deviance: When informal sanctioning systems undermine formal sanctioning systems [J]. Business Ethics Quarterly, 2019, 29 (1): 55 -84.

[273] Wei, L. Q., Chiang, F. F. T., Wu, L. Z. Developing and utilizing network resources: Roles of political skill [J]. Journal of Management Studies, 2012, 49 (2): 381 -402.

[274] Wei, L. Q., Liu, J., Chen, Y. Y., et al. Political skill, supervisor - subordinate guanxi and career prospects in Chinese firms [J]. Journal of Management Studies, 2010, 47 (3): 437 -454.

[275] Widmer, P. S., Semmer, N. K., Kälin, W., et al. The ambivalence of challenge stressors: Time pressure associated with both negative and positive well - being [J]. Journal of Vocational Behavior, 2012, 80 (2): 422 - 433.

[276] Wihler, A., Blickle, G., Ellen, B. P. I., et al. Personal initiative and job performance evaluations: Role of political skill in opportunity recognition and capitalization [J]. Journal of Management, 2017, 43 (5): 1388 - 1420.

[277] Williams, K. D. Ostracism [J]. Annual Review of Psychology, 2007, (58): 425 -452.

[278] Winstead, B. A., Derlega, V. J., Montgomery, M. J., et al. The quality of friendships at work and job satisfaction [J]. Journal of Social and Personal Relationships, 1995, 12 (2): 199 -215.

[279] Wu, C. H., Liu, J., Kwan, H. K., et al. Why and when workplace ostracism inhibits organizational citizenship behaviors: An organizational identification perspective [J]. Journal of Applied Psychology, 2016, 101 (3): 362 -378.

[280] Wu, J. Y., Li, C. I. Exploration of mediating models between spiritual leadership and organizational citizenship behavior: The importance of organization based self - esteem in service industries [J]. International Journal of Or-

ganizational Innovation, 2015, 8 (2): 128 – 136.

[281] Wu, L., Wei, L., Hui, C. Dispositional antecedents and consequences of workplace ostracism: An empirical examination [J]. Frontiers of Business Research in China, 2011, 5 (1): 23 – 44.

[282] Wu, L. Z., Kwan, H. K, Wei, L. Q., et al. Ingratiation in the workplace: The role of subordinate and supervisor political skill [J]. Journal of Management Studies, 2013, 50 (6): 991 – 1017.

[283] Wu, L. Z., Yim, F. H., Kwan, H. K., et al. Coping with workplace ostracism: The roles of ingratiation and political skill in employee psychological distress [J]. Journal of Management Studies, 2012, 49 (1): 178 – 199.

[284] Wu, W. L., Lee, Y. C. Empowering group leaders encourages knowledge sharing: Integrating the social exchange theory and positive organizational behavior perspective [J]. Journal of Knowledge Management, 2017, 21 (2): 474 – 491.

[285] Wu, W., Qu, Y., Zhang, Y., et al. Needs frustration makes me silent: Workplace ostracism and newcomers' voice behavior [J]. Journal of Management & Organization, 2019, 25 (5): 635 – 652.

[286] Wu, X., Kwan, H. K., Wu, L. Z., et al. The effect of workplace negative gossip on employee proactive behavior in China: The moderating role of traditionality [J]. Journal of Business Ethics, 2018, 148 (4): 801 – 815.

[287] Wu, X., Lyu, Y., Kwan, H. K., et al. The impact of mentoring quality on protégés' organization – based self – esteem and proactive behavior: The moderating role of traditionality [J]. Human Resource Management, 2019, 58 (4): 417 – 430.

[288] Xiang, C., Li, C., Wu, K., et al. Procedural justice and voice: A group engagement model [J]. Journal of Managerial Psychology, 2019, 34 (7): 491 – 503.

[289] Xie, J. L., Schaubroeck, J., Lam, S. S. K. Theories of job stress and the role of traditional values: A longitudinal study in China [J]. The Journal

of Applied Psychology, 2008, 93 (4): 831 - 848.

[290] Xu, E., Huang, X., Robinson, S. L. When self - view is at stake: Responses to ostracism through the lens of self - verification theory [J]. Journal of Management, 2017, 43 (7): 2281 - 2302.

[291] Xue, X., Song, H. Y., Tang, Y. J. The relationship between political skill and employee voice behavior from an impression management perspective [J]. Journal of Applied Business Research, 2015, 31 (5): 1877 - 1888.

[292] Xue, Y., Bradley, J., Liang, H. Team climate, empowering leadership, and knowledge sharing [J]. Journal of Knowledge Management, 2011, 15 (2): 299 - 312.

[293] Yang, F. Guanxi human resource management practices as a double - edged sword: The moderating role of political skill [J]. Asia Pacific Journal of Human Resources, 2014, 52 (4): 496 - 510.

[294] Yang, J., Treadway, D. C. A social influence interpretation of workplace ostracism and counterproductive work behavior [J]. Journal of Business Ethics, 2018, 148 (4): 879 - 891.

[295] Yang, K. S. Methodological and theoretical issues on psychological traditionality and modernity research in an Asian society: In response to Kwang - Kuo Hwang and beyond [J]. Asian Journal of Social Psychology, 2003, 6 (3): 263 - 285.

[296] Yang, Z., Zhang, H., Kwan, H. K., et al. Crossover effects of servant leadership and job social support on employee spouses: The mediating role of employee organization - based self - esteem [J]. Journal of Business Ethics, 2018, 147 (3): 595 - 604.

[297] Yıldız, B., Alpkan, L., Ates, H., et al. Determinants of constructive deviance: The mediator role of psychological ownership [J]. International Business Research, 2015a, 8 (4): 107 - 121.

[298] Yıldız, B., Erat, S., Alpkan, L., et al. Drivers of innovative constructive deviance: A moderated mediation analysis [J]. Procedia - Social and Behavioral Sciences, 2015b, (195): 1407 - 1416.

[299] Zettler, I., Lang, J. W. B. Employees' political skill and job performance: An inverted U - shaped relation? [J]. Applied Psychology: An International Review, 2015, 64 (3): 541 - 577.

[300] Zhang, A. Y., Song, L. J., Tsui, A. S., et al. Employee responses to employment - relationship practices: The role of psychological empowerment and traditionality [J]. Journal of Organizational Behavior, 2014, 35 (6): 809 - 830.

[301] Zhang, G., Chan, A., Zhong, J., et al. Creativity and social alienation: The costs of being creative [J]. International Journal of Human Resource Management, 2016, 27 (12): 1252 - 1276.

[302] Zhang, J., Song, L. J., Wang, Y., et al. How authentic leadership influences employee proactivity: The sequential mediating effects of psychological empowerment and core self - evaluations and the moderating role of employee political skill [J]. Frontiers of Business Research in China, 2018, 12 (1): 1 - 21.

[303] Zhang, R., Ye, C., Ferreira - Meyers, K. Linking workplace ostracism to interpersonal citizenship behavior: A moderated mediation model of work - to - family conflict and rumination [J]. International Journal of Stress Management, 2017, 24 (3): 293 - 320.

[304] Zhang, S., Ke, X., Wang, X. H., et al. Empowering leadership and employee creativity: A dual - mechanism perspective [J]. Journal of Occupational and Organizational Psychology, 2018, 91 (4): 896 - 917.

[305] Zhang, S., Shi, Q. The relationship between subjective well - being and workplace ostracism [J]. Journal of Organizational Change Management, 2017, 30 (6): 978 - 988.

[306] Zhang, X., Bartol, K. M. Linking empowering leadership and employee creativity: The influence of psychological empowerment, intrinsic motivation, and creative process engagement [J]. Academy of Management Journal, 2010, 53 (1): 107 - 128.

[307] Zhang, X., Dai, L. The relationship between neuroticism and expe-

rience of workplace ostracism in new employees [J]. Open Journal of Social Sciences, 2015, 3 (2): 80 - 87.

[308] Zhang, X., Zhou, J. Empowering leadership, uncertainty avoidance, trust, and employee creativity: Interaction effects and a mediating mechanism [J]. Organizational Behavior and Human Decision Processes, 2014, 124 (2): 150 - 164.

[309] Zhao, H., Liu, W. Managerial coaching and subordinates' workplace well - being: A moderated mediation study [J]. Human Resource Management Journal, 2020, 30 (1): 1 - 19.

[310] Zhao, H., Peng, Z., Sheard, G. Workplace ostracism and hospitality employees' counterproductive work behaviors: The joint moderating effects of proactive personality and political skill [J]. International Journal of Hospitality Management, 2013, (33): 219 - 227.

[311] Zhao, H. Relative leader - member exchange and employee voice: Mediating role of affective commitment and moderating role of Chinese traditionality [J]. Chinese Management Studies, 2014, 8 (1): 27 - 40.

[312] Zhao, H., Xia, Q. An examination of the curvilinear relationship between workplace ostracism and knowledge hoarding [J]. Management Decision, 2017, 55 (2): 331 - 346.

[313] Zhao, H., Xia, Q., He, P., et al. Workplace ostracism and knowledge hiding in service organizations [J]. International Journal of Hospitality Management, 2016, (59): 84 - 94.

[314] Zheng, X., Qin, X., Liu, X., et al. Will creative employees always make trouble? Investigating the roles of moral identity and moral disengagement [J]. Journal of Business Ethics, 2019, 157 (3): 1 - 20.

[315] Zheng, X., Yang, J., Ngo, H. Y., et al. Workplace ostracism and its negative outcomes psychological capital as a moderator [J]. Journal of Personnel Psychology, 2016, 15 (4): 143 - 151.

[316] Zhou, Z. E., Yang, L. Q., Spector, P. E. Political skill: A proactive inhibitor of workplace aggression exposure and an active buffer of the aggres-

sion – strain relationship [J]. Journal of Occupational Health Psychology, 2015, 20 (4): 405 –419.

[317] Zhu, H., Lyu, Y., Deng, X., et al. Workplace ostracism and proactive customer service performance: A conservation of resources perspective [J]. International Journal of Hospitality Management, 2017, (64): 62 –72.

[318] Zhu, Y. Q., Chen, H. G. Empowering leadership in R & D teams: A closer look at its components, process, and outcomes [J]. R & D Management, 2016, 46 (4): 726 –735.

[319] 包玲玲，王韬．转型背景下雇佣关系模式对员工助人行为的影响 [J]. 管理学报，2011，8 (11): 1646 –1654.

[320] 蔡地，刘佳，王海悦．导师指导对“90 后”新员工组织幸福感的作用机制研究 [J]. 管理学报，2019，16 (4): 514 –521 +540.

[321] 曹霞，瞿皎姣．资源保存理论溯源，主要内容探析及启示 [J]. 中国人力资源开发，2014，(15): 75 –80.

[322] 陈晨，杨付，李永强．职场排斥的作用机制与本土化发展 [J]. 心理科学进展，2017，25 (8): 1387 –1400.

[323] 陈洪安，李乐，刘俊红，等．职场友谊对员工工作繁荣影响的实证研究 [J]. 华东师范大学学报 (哲学社会科学版)，2016，48 (5): 150 –160.

[324] 陈伍洋，叶茂林，陈宇帅，等．下属越轨创新对主管阻抑的影响——地位威胁感和权威主义取向的作用 [J]. 心理科学，2017，40 (3): 670 –677.

[325] 陈晓暾，熊娟．职场排斥研究述评与展望 [J]. 西安财经学院学报，2018，31 (3): 20 –27.

[326] 陈岩，唐贵瑶．向上逢迎行为对员工工作满意度的影响及其作用机制研究 [J]. 预测，2015，34 (6): 21 –27.

[327] 陈志霞，涂红．领导排斥的概念及其影响因素毒性三角模型 [J]. 管理评论，2017，29 (8): 156 –166.

[328] 程豹，周星，郭功星．资质过剩感知影响员工职业满意度的认知路径 [J]. 经济管理，2019，41 (2): 107 –121.

[329] 崔智淞，王弘钰．上下级关系对员工建设性越轨行为的激活机制研究：一个被中介的调节模型 [J]. 预测，2019，38 (1)：8－14.

[330] 单红梅，胡恩华，张梦琦，等．基于传统性和工会实践作用的工会变革型领导对工会公民行为的影响研究 [J]. 管理学报，2017，14 (9)：1308－1314.

[331] 杜鹏程，倪清，黄志强，等．任务不确定性与员工建言行为关系研究 [J]. 管理学报，2016，13 (10)：1490－1498.

[332] 冯镜铭，刘善仕，吴坤津．谦卑型领导与下属建言：传统性的调节作用 [J]. 科研管理，2018，39 (8)：120－130.

[333] 冯明，李聪．国有企业员工印象管理与职业生涯成功的关系研究——政治技能的调节作用 [J]. 中国软科学，2010，(12)：115－124.

[334] 付景涛，贺琦．上"行"能否带来下"效"？——领导言行一致对员工敬业度的影响机制研究 [J]. 财经论丛，2018，235 (7)：97－105.

[335] 高记，马红宇．组织中的政治技能及相关研究 [J]. 心理科学进展，2008，16 (4)：598－605.

[336] 高婧，龙丹兰，绳鸿燕．组织氛围对于职场友谊的影响研究：人际信任的中介作用 [J]. 云南财经大学学报，2018，34 (11)：80－89.

[337] 高天茹，贺爱忠．职场排斥对知识隐藏的影响机理研究：一个被调节的链式中介模型 [J]. 南开管理评论，2019，22 (3)：15－27.

[338] 高源，乐嘉昂，彭正龙．职场排斥影响因素的研究——一个被调节的中介模型 [J]. 科学学与科学技术管理，2016，37 (4)：147－157.

[339] 郭靖，周晓华，张金桥，等．工作要求—控制模型在中国产业工人中的应用：边界条件与研究反思 [J]. 南开管理评论，2015，18 (6)：26－34.

[340] 国维潇，王端旭．授权型领导对知识团队绩效的影响机理研究 [J]. 软科学，2014，28 (1)：68－71.

[341] 韩翼，杨百寅．师徒关系开启徒弟职业成功之门：政治技能视角 [J]. 管理世界，2012，(6)：124－132＋188.

[342] 蒿坡，龙立荣，贺伟．领导力共享，垂直领导力与团队创造力：双视角研究 [J]. 管理科学，2014，27 (6)：53－64.

[343] 贺伟，龙立荣．实际收入水平、收入内部比较与员工薪酬满意度的关系——传统性和部门规模的调节作用 [J]．管理世界，2011，(4)：98-110.

[344] 胡玮玮，丁一志，罗佳，等．个性化契约，组织自尊与知识共享行为研究 [J]．科研管理，2018，39 (4)：134-143.

[345] 黄亮，彭璧玉．工作幸福感对员工创新绩效的影响机制——一个多层次被调节的中介模型 [J]．南开管理评论，2015，18 (2)：15-29.

[346] 黄玮，项国鹏，杜运周，等．越轨创新与个体创新绩效的关系研究：地位和创造力的联合调节作用 [J]．南开管理评论，2017，20 (1)：143-154.

[347] 黄昱方，耿叶盈．基于组织自尊中介作用的工作团队咨询网络对交互记忆系统的影响机制研究 [J]．管理学报，2016，13 (5)：680-688.

[348] 蒋奖，鲁峥嵘，张雯．工作场所排斥问卷的编制及信效度检验 [J]．中国临床心理学杂志，2011，19 (6)：720-724.

[349] 蒋昀洁，孙甫丽，蒋春燕．为什么枪打出头鸟？——和谐型激情，个体工作重塑对职场排斥的作用机制 [J]．经济与管理研究，2019，40 (10)：105-114.

[350] 乐嘉昂，彭正龙，高源．基于扎根理论的职场排斥行为结构分类的探索性研究 [J]．上海管理科学，2012，34 (4)：47-52.

[351] 乐嘉昂，彭正龙，高源．职场排斥与强制性公民行为影响机制研究 [J]．华东经济管理，2013，27 (2)：106-112.

[352] 乐嘉昂，彭正龙．跨层次视角下的职场排斥与员工积极组织行为，团队效能影响机制 [J]．经济管理，2013，35 (3)：74-84.

[353] 李丹，常梦醒．职场排斥如何影响绩效表现？情绪耗竭与情绪智力的作用 [J]．中国人力资源开发，2018，35 (8)：64-74.

[354] 李澄锋，田也壮．领导排斥对员工建言行为的影响及作用机制 [J]．中国管理科学，2017，25 (8)：175-183.

[355] 李红，刘洪．组织中的建设性越轨行为研究回顾与展望 [J]．外国经济与管理，2014，36 (8)：45-52.

［356］李晋，李晏墅，张春梅．转型背景下“双文化”员工多重匹配感的形成机制［J］．经济管理，2014，36（8）：78－88.

［357］李晋，秦伟平，周路路．传统导向作用下辱虐型领导对员工创造力的影响研究［J］．软科学，2015，29（10）：96－100.

［358］李进，刘军，刘超，等．基于需求理论框架的职场排斥缓冲效应研究［J］．管理学报，2016，13（2）：221－228.

［359］李淼淼，魏钧，张晓冬．非常规性工作对员工创造性的影响：一个被调节的中介模型［J］．科技进步与对策，2019，36（3）：138－145.

［360］李锐．职场排斥对员工职外绩效的影响：组织认同和工作投入的中介效应［J］．管理科学，2010，23（3）：23－31.

［361］李瑞．职场排斥对服务业员工工作绩效的影响——基于组织自尊的缓冲效应［J］．经济经纬，2013，（4）：109－113.

［362］李锡元，梁果，付珍．伦理型领导、组织公平和沉默行为——传统性的调节作用［J］．武汉大学学报（哲学社会科学版），2014，67（1）：90－95.

［363］李晓露，林美珍．中国情境下授权型领导的影响因素研究——基于旅游企业的扎根理论质性分析［J］．中国人力资源开发，2016，33（14）：54－62.

［364］李晓玉，党广龙，高昂，等．差序式领导对离职意向的影响：主动性人格与职场排斥的作用［J］．心理研究，2018，11（5）：444－451.

［365］李燕萍，刘宗华．高承诺人力资源实践就能提高组织绩效吗［J］．经济与管理研究，2015，36（9）：130－136.

［366］李燕萍，刘宗华，郑馨怡．组织认同对建言的影响：基于组织的自尊和工作价值观的作用［J］．商业经济与管理，2016，（3）：46－55.

［367］李燕萍，史瑶，毛雁滨．授权型领导对员工建言行为的影响：心理所有权的中介作用［J］．科技进步与对策，2018，35（3）：140－145.

［368］李燕萍，涂乙冬．与领导关系好就能获得职业成功吗？一项调节的中介效应研究［J］．心理学报，2011，43（8）：941－952.

［369］廖书迪，刘文兴，廖建桥．自恋型领导对员工沉默行为的影响研究［J］．工业工程与管理，2016，21（6）：130－137.

[370] 林美珍，凌茜．授权型领导研究评价与启示 [J]．首都经济贸易大学学报，2016，18 (4)：111－119.

[371] 林美珍，罗忠恒．授权型领导负面效应的形成机制：基于“过犹不及”理论 [J]．首都经济贸易大学学报，2017，19 (5)：104－112.

[372] 林晓敏，林琳，王永丽，等．授权型领导与团队绩效：交互记忆系统的中介作用 [J]．管理评论，2014，26 (1)：78－87.

[373] 林叶，李燕萍．高承诺人力资源管理对员工前瞻性行为的影响机制——基于计划行为理论的研究 [J]．南开管理评论，2016，19 (2)：114－123.

[374] 林志扬，杨静．职场排斥与员工沉默——调节—中介模型的构建与检验 [J]．厦门大学学报（哲学社会科学版），2015，(2)：50－59.

[375] 林忠，孙灵希．企业员工政治技能的本土维度确认与测量 [J]．财经问题研究，2012，(11)：116－123.

[376] 刘安妮，周浩．互动公平感对员工进谏上司的影响及其内在机制研究 [J]．软科学，2015，29 (1)：78－81.

[377] 刘嫦娥，黄杰，谢玮，刘婷婷．上级无礼行为对员工工作投入的影响机制研究 [J]．管理学报，2019，16 (9)：1344－1352.

[378] 刘超，柯旭东，刘军，等．员工逢迎的场景选择：一项本土研究 [J]．南开管理评论，2015，18 (5)：54－64.

[379] 刘超，刘军，朱丽，等．规则适应视角下辱虐管理的成因机制 [J]．心理学报，2017，49 (7)：966－979.

[380] 刘凤香．职场友谊研究述评与展望 [J]．中国人力资源开发，2013，(23)：22－27.

[381] 刘军，刘小禹，任兵．员工离职：雇佣关系框架下的追踪研究 [J]．管理世界，2007，(12)：88－95＋105＋172.

[382] 刘军，宋继文，吴隆增．政治与关系视角的员工职业发展影响因素探讨 [J]．心理学报，2008，40 (2)：201－209.

[383] 刘军，王未，吴隆增，等．拒绝职场边缘化：模型与检验 [J]．南开管理评论，2012，15 (1)：84－92.

[384] 刘军，吴隆增，林雨．应对辱虐管理：下属逢迎与政治技能的

作用机制研究［J］．南开管理评论，2009，12（2）：52－58.

［385］刘军，吴隆增，许浚．政治技能的前因与后果：一项追踪实证研究［J］．管理世界，2010，（11）：94－104＋188.

［386］刘蒙，刘永仁，宋璐璐．政治技能对职场排斥的影响与作用机制研究［J］．西安财经学院学报，2014，27（5）：95－101.

［387］刘生敏，廖建桥．权力距离，工作负担与领导授权行为［J］．工业工程与管理，2013，18（6）：115－121.

［388］刘小禹，刘军，关浩光．顾客性骚扰对员工服务绩效影响机制的追踪研究——员工传统性与团队情绪氛围的调节作用［J］．管理世界，2012，（10）：107－118＋188.

［389］刘小禹，刘军，许浚，等．职场排斥对员工主动性行为的影响机制——基于自我验证理论的视角［J］．心理学报，2015，47（6）：826－836.

［390］刘蕴．道德型领导对员工帮助行为的影响机制——基于自我概念的视角［J］．经济管理，2016，38（1）：84－93.

［391］柳恒超，金盛华，赵开强．中国文化下组织政治技能的结构及问卷的编制［J］．应用心理学，2008，14（3）：220－225.

［392］陆欣欣，涂乙冬．基于组织的自尊的情境化与适用性［J］．心理科学进展，2014，22（1）：130－138.

［393］罗瑾琏，管建世，钟竞，赵莉．基于团队双元行为中介作用的双元领导与团队创新绩效关系研究［J］．管理学报，2017，14（6）：814－822.

［394］罗瑾琏，花常花，朱荧．职场排斥与反生产行为：工作倦怠与内外控特质的作用研究［J］．华东经济管理，2015，29（11）：10－14＋85.

［395］罗瑾琏，蒋震艳，徐振亭．师徒关系下徒弟职业期望与其领导效能的影响机制研究［J］．经济与管理研究，2015，36（3）：105－111.

［396］吕惠聪，温忠麟，邓家毓，等．职场孤独感的前因与后果［J］．心理科学，2015，38（4）：979－986.

［397］吕霄，樊耘，张婕，等．授权型领导视角下个性化交易形成及对员工创新行为的影响［J］．科学学与科学技术管理，2018，39（4）：139－149.

[398] 马贵梅，樊耘，于维娜，等．员工—组织价值观匹配影响建言行为的机制［J］．管理评论，2015，27（4）：85－98.

[399] 潘孝富，秦启文，张永红，谭小宏．组织心理所有权、基于组织的自尊对积极组织行为的影响［J］．心理科学，2012，35（3）：718－724.

[400] 彭伟，李慧，朱晴雯，张思园．包容型领导对新生代员工主人翁行为的影响——主管忠诚和传统性的作用［J］．软科学，2017，31（11）：79－82.

[401] 彭正龙，梁东，赵红丹．上下级交换关系与知识员工反生产行为——中国人传统性的调节作用［J］．情报杂志，2011，30（4）：196－200.

[402] 彭正龙，赵红丹．组织公民行为真的对组织有利吗——中国情境下的强制性公民行为研究［J］．南开管理评论，2011，14（1）：17－27.

[403] 齐蕾，刘冰，魏鑫．包容型领导对员工建言行为的双重作用机制研究［J］．商业经济与管理，2019，39（10）：40－48.

[404] 曲如杰，王桢，焦琳，等．领导—成员交换关系对研发人员创新的权变影响［J］．科学学与科学技术管理，2013，34（7）：156－165.

[405] 任真，王登峰，陆峥．文化价值观对领导—部属关系与工作结果、心理健康的调节机制："关系相处"和"社会交换"视角的比较［J］．管理评论，2017，29（3）：157－167.

[406] 容琰，杨百寅，隋杨．权力感对员工建言行为的影响——自我验证机制的作用［J］．科学学与科学技术管理，2016，37（10）：119－130.

[407] 石冠峰，陈冬梅，买生，等．情感型领导对员工创造力的作用机制研究［J］．软科学，2018，32（9）：76－79＋102.

[408] 苏屹，周文璐，崔明明，等．共享授权型领导对员工创新行为的影响：内部人身份感知的中介作用［J］．管理工程学报，2018，32（2）：17－26.

[409] 舒睿，梁建．基于自我概念的伦理领导与员工工作结果研究［J］．管理学报，2015，12（70）：1012－1020.

[410] 孙健敏，焦海涛．中国组织情境下的职场友谊［J］．经济管理，

2012, 34 (12): 62 - 70.

[411] 孙健敏，尹奎，李秀凤. 同事信任对员工建言行为影响的作用机制研究 [J]. 软科学，2015，29 (11): 93 - 96.

[412] 孙建群，田晓明，李锐. 组织中的建设性偏差：概念界定、形成机制及影响 [J]. 心理科学，2016，39 (5): 1242 - 1247.

[413] 孙灵希. 职场排斥与创新团队 EVLN 行为 [J]. 财经问题研究，2015，(10): 125 - 130.

[414] 孙圣兰，吕洁. 授权型领导对员工创造力的影响：基于整合视角的分析 [J]. 研究与发展管理，2016，28 (4): 117 - 125.

[415] 孙秀明，孙遇春. 工作疏离感对员工工作绩效的影响——以中国人传统性为调节变量 [J]. 管理评论，2015，27 (10): 128 - 137.

[416] 唐贵瑶，李鹏程，陈扬. 授权型领导对企业创新的影响及作用机制研究 [J]. 管理工程学报，2016，30 (1): 52 - 60.

[417] 唐贵瑶，李鹏程，李骥. 国外授权型领导研究前沿探析与未来展望 [J]. 外国经济与管理，2012，34 (9): 73 - 80.

[418] 唐汉瑛，龙立荣. 员工建言促进工作绩效：谦卑领导的调节作用 [J]. 管理科学，2019，(1): 91 - 100.

[419] 唐汉瑛，龙立荣，周如意. 谦卑领导行为与下属工作投入：被中介的调节模型 [J]. 管理科学，2015，28 (3): 77 - 89.

[420] 唐乐，杨付，杨伟国. 如何实现员工的工作和家庭两不误？——基于技能与关系的视角 [J]. 经济与管理研究，2019b，40 (6): 72 - 86.

[421] 唐乐，杨伟国，杨付. 员工创新行为内在作用机制研究——基于政治技能的视角 [J]. 经济管理，2015，37 (1): 56 - 64.

[422] 唐乐，杨付，杨伟国. 员工政治技能对晋升机会的影响机制研究 [J]. 经济管理，2019a (10): 73 - 89.

[423] 唐秀丽，辜应康. 强颜欢笑还是真情实意：组织认同、基于组织的自尊对服务人员情绪劳动的影响 [J]. 旅游学刊，2016，31 (1): 68 - 80.

[424] 陶建宏，师萍，段伟宇. 自我领导与组织自尊对员工创新行为

影响的实证研究——基于电子通讯、制造企业的数据 [J]. 研究与发展管理, 2014, 26 (3): 52-61.

[425] 田启涛, 杨自伟. 收效与隐忧: 公民压力如何影响组织公民行为 [J]. 管理评论, 2019, 31 (5): 163-174.

[426] 万希, 李恩, 李论基. 组织政治知觉、负面情绪与反生产工作行为: 员工传统性的调节作用 [J]. 财贸研究, 2016, 27 (4): 101-109.

[427] 王国猛, 李丽, 赵曙明. 雇佣关系模式与新生代农民工职业成长——传统性与现代性的调节作用 [J]. 大连理工大学学报 (社会科学版), 2019, 40 (5): 52-59.

[428] 王海波, 严鸣, 吴海波, 等. 恶意报复还是认同驱动? 新员工的角色社会化程度对其职场排斥行为的作用机制 [J]. 心理学报, 2018, 51 (1): 128-140.

[429] 王海珍. 传统观念弱化了辱虐管理的消极影响吗? ——传统性的两阶段调节效应研究 [J]. 经济管理, 2020, 42 (2): 127-143.

[430] 王红丽. 被信任的后遗症: 感知上级信任的双路径研究 [J]. 经济管理, 2018, 40 (6): 69-85.

[431] 王宏蕾, 孙健敏. 授权型领导的负面效应: 理论机制与边界条件 [J]. 心理科学进展, 2019, 27 (5): 858-870.

[432] 王宏蕾, 孙健敏. 授权型领导与员工创新行为: 结构正式化的调节作用 [J]. 管理科学, 2018, 31 (3): 29-39.

[433] 王洪青, 张文勤. 国外政治技能最新研究进展述评 [J]. 外国经济与管理, 2012, 34 (12): 49-55+80.

[434] 王弘钰, 崔智淞, 孙艳伟. 建设性越轨行为形成机制及其对创新绩效的影响 [J]. 商业研究, 2018, (5): 113-117.

[435] 王弘钰, 崔智淞. 中国情景下员工建设性越轨行为量表开发与验证 [J]. 科技进步与对策, 2018, 35 (15): 138-143.

[436] 王弘钰, 崔智淞, 邹纯龙, 等. 忠诚还是叛逆? 中国组织情境下的员工越轨创新行为 [J]. 心理科学进展, 2019, 27 (6): 975-989.

[437] 王怀勇, 刘永芳. 工作场所排斥研究前沿探析与未来展望 [J]. 外国经济与管理, 2013, 35 (5): 31-39.

[438] 王辉，武朝艳，张燕，等．领导授权赋能行为的维度确认与测量［J］．心理学报，2008，40（12）：1297－1305.

[439] 汪林，储小平，倪婧．领导—部属交换、内部人身份认知与组织公民行为——基于本土家族企业视角的经验研究［J］．管理世界，2009，（1）：97－107＋188.

[440] 汪林，储小平．心理契约违背与员工的工作表现：中国人传统性的调节作用［J］．软科学，2008，22（12）：137－140.

[441] 王明辉，郭腾飞，陈萍，等．精神型领导对员工任务绩效影响的多重中介效应［J］．心理与行为研究，2016，14（5）：640－646.

[442] 王三银，刘洪，林彦梅．工作边界强度对员工组织认同的影响研究——工作边界弹性能力和组织自尊的作用［J］．科学学与科学技术管理，2016，37（5）：119－128.

[443] 王三银，刘洪，林彦梅．家庭支持型领导如何驱动员工的创新行为——自我概念的链式中介效应［J］．科学学与科学技术管理，2019，40（3）：99－115.

[444] 王三银，刘洪，刘润刚．类亲情交换关系视角下家庭支持型主管行为对员工帮助行为的影响研究［J］．管理学报，2018，15（7）：980－987.

[445] 王双龙．华人企业的家长式领导对创新行为的作用路径研究［J］．科研管理，2015，36（7）：105－112.

[446] 王颂，解蕴慧，马力．中国员工基于组织自尊的内容探析：概念构图法的应用［J］．心理科学，2014，37（1）：146－149.

[447] 王伟，于吉萍，张善良．授权型领导对员工隐性知识分享的影响机制——内部人身份感知的中介作用与职场友谊的调节作用［J］．科技进步与对策，2019，36（7）：123－130.

[448] 王艳子，罗瑾琏．组织自尊对员工创新行为的影响研究——基于知识共享的中介效应分析［J］．华东经济管理，2011，25（7）：97－99.

[449] 王艳子，田雅楠．包容型领导对员工建设性越轨行为的激发机理研究［J］．外国经济与管理，2019，41（3）：54－69.

[450] 王艳子，王聪荣．自我牺牲型领导对员工建设性越轨行为的影响机制［J］．科学学与科学技术管理，2020，41（3）：94－108.

[451] 王艳子，张莉．员工建设性越轨行为的动力机制：谦卑型领导视角 [J]．科技进步与对策，2018，35 (16)：137－143.

[452] 王艳子，赵秀秀．员工建设性越轨行为的激发机制：差错管理氛围的视角 [J]．财经论丛，2020，(11)：93－102.

[453] 王艳子，朱湘玲．调节焦点对员工建设性越轨行为的影响机制 [J]．外国经济与管理，2021.

[454] 王永跃，段锦云．政治技能如何影响员工建言：关系及绩效的作用 [J]．管理世界，2015，(3)：102－112.

[455] 王永跃，叶佳佳．工具主义伦理气氛对员工沉默行为的影响——犬儒主义和传统性的作用 [J]．心理科学，2015，38 (3)：686－692.

[456] 王宇清，龙立荣，周浩．消极情绪在程序和互动不公正感与员工偏离行为间的中介作用：传统性的调节机制 [J]．心理学报，2012，44 (12)：1663－1676.

[457] 韦慧民，龙立荣．认知与情感信任、权力距离感和制度控制对领导授权行为的影响研究 [J]．管理工程学报，2011，25 (1)：10－17.

[458] 吴隆增，刘军，刘刚．辱虐管理与员工表现：传统性与信任的作用 [J]．心理学报，2009，41 (6)：510－518.

[459] 吴隆增，刘军，许浚．职场排斥与员工组织公民行为：组织认同与集体主义倾向的作用 [J]．南开管理评论，2010，13 (3)：36－44.

[460] 吴论文，杨付．政治技能的实施效果及其理论解释 [J]．心理科学进展，2019，27 (12)：2109－2121.

[461] 谢宝国，郭永兴，夏德．上级工作投入是如何传递给下属的？一个涓滴模型的检验 [J]．管理评论，2018，30 (11)：141－151.

[462] 谢俊，储小平，黄嘉欣．主管忠诚、上下级冲突与员工工作态度——基于本土家族企业的实证研究 [J]．经济管理，2011，33 (1)：74－82.

[463] 谢俊，汪林．授权型领导，主管信任与知识型员工任务行为——基于问卷调查的实证研究 [J]．南方经济，2014，(1)：77－88.

[464] 谢俊，严鸣．积极应对还是逃避？主动性人格对职场排斥与组织公民行为的影响机制 [J]．心理学报，2016，48 (10)：1314－1325.

[465] 熊会兵，汪浩，申雅媚．授权型领导对员工建言行为的影响机制分析 [J]．统计与决策，2017，(24)：175－19.

[466] 徐琳，王济干，樊传浩．授权型领导对员工亲组织非伦理行为的影响：一个链式中介模型 [J]．科学学与科学技术管理，2018，39 (6)：109－121.

[467] 薛贤，宋合义，谭乐．授权型领导如何促进员工建言行为——一个被中介的调节效应模型 [J]．华东经济管理，2015，29 (11)：23－29.

[468] 薛亦伦，张骁，丁雪，等．高政治技能的员工如何规避工作场所排斥？——基于中国文化情境的研究 [J]．管理世界，2016，(7)：98－108.

[469] 严丹．上级辱虐管理对员工建言行为的影响——来自制造型企业的证据 [J]．管理科学，2012，(2)：41－50.

[470] 闫淑敏，谢旭辉．知识型员工的职场排斥应对机制研究——政治技能的中介作用 [J]．经济与管理评论，2016，32 (1)：45－53.

[471] 闫艳玲，周二华，刘婷．职场排斥与反生产行为：状态自控和心理资本的作用 [J]．科研管理，2014，35 (3)：82－90.

[472] 颜爱民，赵浩，赵德岭，等．授权型领导对员工亲社会性违规行为的影响：一个被调节的中介效应模型 [J]．中南大学学报（社会科学版），2017，23 (5)：76－84.

[473] 杨国枢，余安邦，叶明华．中国人的个人传统性与现代性：概念与测量 [M]．台湾：桂冠图书出版公司，1989.

[474] 杨国枢．中国人的心理与行为：本土化研究 [M]．北京：中国人民大学出版社，2004.

[475] 杨霞，李雯．伦理型领导对员工知识共享行为的内在影响机理 [J]．贵州社会科学，2017，(7)：140－146.

[476] 杨英，龙立荣，周丽芳．授权风险考量与授权行为：领导—成员交换和集权度的作用 [J]．心理学报，2010，42 (8)：875－885.

[477] 杨振芳，陈庆文，朱瑜，等．精神型领导是员工主动性行为的驱动因素吗？——一个多重中介效应模型的检验 [J]．管理评论，2016，28 (11)：191－202.

[478] 姚柱，张显春．“妒能”如何变成“赋能”：职场妒忌对工作绩

效的影响 [J]. 商业经济与管理, 2020, (5): 34-47.

[479] 易健, 关浩光, 杨自伟. 授权型领导对员工家庭生活质量的影响 [J]. 外国经济与管理, 2014, 36 (9): 52-60.

[480] 尹奎, 刘永仁. 职场排斥与员工离职倾向: 组织认同与职业生涯韧性的作用 [J]. 软科学, 2013, 27 (4): 121-124+127.

[481] 尹奎, 刘永仁, 李元勋. 员工政治技能, 建言行为及组织地位感知间互动影响研究 [J]. 现代财经 (天津财经大学学报), 2013, 33 (2): 65-71.

[482] 尹奎, 刘永仁, 刘蒙. 基于组织的自尊 (OBSE) 研究现状与未来展望 [J]. 中国人力资源开发, 2014, (5): 38-47.

[483] 尹奎, 孙健敏, 刘永仁, 等. 职场友谊对知识共享意愿的影响——一个调节中介模型 [J]. 科学学与科学技术管理, 2015, 36 (8): 160-169.

[484] 尹奎, 孙健敏, 张凯丽, 等. 职场友谊对建言行为的影响: 一个被调节的中介模型 [J]. 管理评论, 2018, 30 (4): 132-141.

[485] 尹奎, 邢璐, 汪佳. 授权型领导行为对员工任务绩效的非线性影响机制 [J]. 心理科学, 2016, 41 (3): 680-686.

[486] 尹俊, 王辉, 黄鸣鹏. 授权赋能领导行为对员工内部人身份感知的影响: 基于组织的自尊的调节作用 [J]. 心理学报, 2012, 44 (10): 1371-1382.

[487] 叶仁荪, 倪昌红, 黄顺春. 职场排斥, 职场边缘化对员工离职意愿的影响: 员工绩效的调节作用 [J]. 管理评论, 2015, 27 (8): 127-140.

[488] 于桂兰, 徐泽磊, 王辉. 新时代员工参与和规则导向对组织偏差行为的协同效应机制——基于合作型劳动关系视角 [J]. 吉林大学社会科学学报, 2019, 59 (2): 111-119.

[489] 于静静, 蒋守芬. 员工政治技能与创新行为关系研究——基于心理授权的视角 [J]. 山东社会科学, 2018, (11): 172-176+165.

[490] 于鲁宁, 彭正龙. 职场排斥对组织公民行为的影响: 一个被调节的中介模型 [J]. 预测, 2018, 37 (1): 22-28.

[491] 于维娜, 樊耘, 张婕, 等. 宽恕视角下辱虐管理对工作绩效的

影响——下属传统性和上下级关系的作用 [J]. 南开管理评论, 2015, 18 (6): 16-25.

[492] 于伟, 张鹏. 组织差序氛围对员工漠视行为的影响: 职场排斥和组织自尊的作用 [J]. 中央财经大学学报, 2016, (10): 122-128.

[493] 于伟, 张鹏. 自我牺牲型管理风格对研发员工创造力的影响——基于多层线性模型的实证分析 [J]. 研究与发展管理, 2016, 28 (4): 97-105.

[494] 余璇, 陈维政. 组织自尊对员工工作疏离感影响的实证研究——消极情绪和传统性的作用 [J]. 大连理工大学学报 (社会科学版), 2016a, 37 (2): 71-77.

[495] 余璇, 陈维政. 整体公平感对员工工作偏离行为的影响研究——一个被调节的中介模型 [J]. 软科学, 2016b, 30 (12): 63-66.

[496] 余璇, 陈维政. 整体公平感与员工工作场所行为: 组织信任和组织自尊的不同作用 [J]. 华东经济管理, 2016c, 30 (3): 131-135.

[497] 余璇, 陈维政. 组织伦理气候对组织情感承诺影响路径研究——组织信任和组织自尊的作用 [J]. 现代财经 (天津财经大学学报), 2015, 35 (9): 92-101.

[498] 詹小慧, 汤雅军, 杨东涛. 员工建言对职场排斥的影响研究——基于社会比较理论的视角 [J]. 经济经纬, 2018, 35 (3): 103-109.

[499] 张端民. 领导—成员交换与员工沉默行为: 组织公平与传统性的作用 [J]. 预测, 2017, 36 (3): 14-20.

[500] 张桂平. 职场排斥对员工亲组织性非伦理行为的影响机制研究 [J]. 管理科学, 2016, 29 (4): 104-114.

[501] 张好雨, 王辉, 郭理, 等. 领导权力分享、组织自尊和员工工作表现: 内部人身份感知的调节作用 [J]. 经济科学, 2016, (2): 118-128.

[502] 张军伟, 龙立荣, 王桃林. 高绩效工作系统对员工工作绩效的影响: 自我概念的视角 [J]. 管理评论, 2017, 29 (3): 136-146.

[503] 章璐璐, 杨付. 人—组织匹配如何抑制工作疏离感: 角色冲突与传统性的作用 [J]. 经济科学, 2015, (4): 107-115.

[504] 张若勇, 刘光建, 徐东亮, 等. 角色期望对员工建言行为的影

响：角色身份与传统性的作用［J］. 华东经济管理，2016，30（10）：138－146.

［505］张生太，梁娟. 组织政治技能、组织信任对隐性知识共享的影响研究［J］. 科研管理，2012，33（6）：31－39.

［506］张文慧，王辉. 长期结果考量、自我牺牲精神与领导授权赋能行为：环境不确定性的调节作用［J］. 管理世界，2009，（6）：115－123.

［507］张骁，林颖，朱頔. 基于相似吸引理论的逢迎同事策略对职场排斥的作用机制研究［J］. 管理学报，2018，15（9）：1319－1326.

［508］张晓舟. 职场管理的新领域——职场友谊研究述评［J］. 外国经济与管理，2014，36（3）：48－55.

［509］张亚军，张金隆，张千帆，等. 威权和授权领导对员工隐性知识共享的影响研究［J］. 管理评论，2015，27（9）：130－139.

［510］张永军. 伦理型领导与员工反生产行为：领导信任、领导认同与传统性的作用［J］. 管理评论，2017，29（12）：106－115.

［511］张亚军，张军伟，崔利刚，等. 组织政治知觉对员工绩效的影响：自我损耗理论的视角［J］. 管理评论，2018，30（1）：78－88.

［512］张永军，张鹏程，赵君. 家长式领导对员工亲组织非伦理行为的影响：基于传统性的调节效应［J］. 南开管理评论，2017，20（2）：169－179.

［513］张征，古银华. 包容型领导对下属工作幸福感的影响研究——互动公平与传统性的作用［J］. 软科学，2017，31（7）：84－88.

［514］张征. 下属—主管匹配与员工的工作幸福感：领导—成员交换和政治技能的作用［J］. 心理科学，2016，39（5）：1204－1209.

［515］赵晨，高中华. 组织社会化交互视角下新员工政治自我效能的动态演化及作用机制［J］. 心理科学进展，2017，25（9）：1456－1468.

［516］赵琛徽，陈兰兰，陶敏. 服务行业员工资质过剩感知对情绪劳动的影响——组织自尊的中介与心理授权的调节［J］. 经济管理，2019，41（1）：89－105.

［517］赵红丹，江苇. 真实型领导、内部人身份认知与组织异议——一个被调节的中介模型［J］. 软科学，2017，31（12）：73－77.

[518] 赵红丹. 强扭的瓜到底甜不甜? ——员工感知到的强制性组织公民行为对工作绩效的影响 [J]. 经济与管理研究, 2014, (11): 71-79.

[519] 赵金国, 孙玮, 朱晓红, 等. CEO 授权型领导对高层管理团队创造力的影响研究 [J]. 管理学报, 2019, 16 (8): 1161-1167.

[520] 赵金金. 差序式领导对知识型员工建设性越轨行为的影响机制研究 [J]. 商业经济与管理, 2019, (11): 42-54.

[521] 赵金金, 刘博. 职场排斥与知识型员工职业倦怠的曲线关系: 心理授权和集体主义导向的调节作用 [J]. 现代财经 (天津财经大学学报), 2019, 39 (3): 101-113.

[522] 赵秀清, 孙彦玲. 职场排斥对员工创新行为的影响——知识共享和消极情绪的作用及互动 [J]. 科技进步与对策, 2017, 34 (20): 147-153.

[523] 郑馨怡, 李燕萍, 刘宗华. 知识分享对员工创新行为的影响: 基于组织的自尊和组织支持感的作用 [J]. 商业经济与管理, 2017, 37 (1): 24-33.

[524] 仲理峰, 王震, 李梅, 等. 变革型领导、心理资本对员工工作绩效的影响研究 [J]. 管理学报, 2013, 10 (4): 536-544.

[525] 周爱钦, 刘军, 孔茗. 职业成功能给员工带来幸福吗——基于自我评价的视角 [J]. 学术研究, 2017, (9): 99-109.

[526] 周浩, 龙立荣. 变革型领导对下属进谏行为的影响: 组织心理所有权与传统性的作用 [J]. 心理学报, 2012, 44 (3): 388-399.

[527] 周星, 程豹, 郭功星. 职场排斥对顾客服务主动性行为的影响——一个被调节的中介模型 [J]. 经济管理, 2018, (6): 38-52.

[528] 朱瑜, 黄丽君, 曾程程. 分布式领导是员工主动行为的驱动因素吗? ——一个基于多重中介效应模型的检验 [J]. 外国经济与管理, 2014, 36 (9): 38-51.

[529] 朱瑜, 谢斌斌. 差序氛围感知与沉默行为的关系: 情感承诺的中介作用与个体传统性的调节作用 [J]. 心理学报, 2018, 50 (5): 539-548.

后 记

本书是作者主持的第2项教育部人文社科项目（20YJC630152）的研究成果之一。作者从2017年开始从事员工建设性越轨行为的相关研究，在该教育部人文社科项目立项之前，就已于2019年开始了著作的写作，先后在CSSCI期刊发表与员工建设性越轨行为直接相关的论文共计6篇。作者对员工建设性越轨行为的研究现状、研究热点有着较为全面的了解，也是国内较早系统开展员工建设性越轨行为研究的学者之一。

作者早期主要依托主持的第1项教育部人文社科项目（14YJC630132）从事员工创造力、团队创造力的相关研究（发表此方面的CSSCI论文共计13篇）。在开展该课题的研究过程中，作者逐渐开始关注并开展工作偏离行为（即破坏性越轨行为）的相关研究（发表此方面的CSSCI论文共计3篇）。在开展员工创造力和工作偏离行为的过程中，作者发现了员工创造力与工作偏离行为研究的结合点，这也是作者随后转入员工建设性越轨行为研究的选题历程，同时是作者这些年开展学术研究的整体逻辑脉络。

作者花费了近两年半的时间完成了该著作的写作，非常感谢诸多MBA学生和亲朋好友在数据收集过程中给予的帮助，也非常感谢所指导的硕士研究生朱湘玲同学对文末参考文献的反复核对和校正，从而确保了文末参考文献格式的准确性；另外，也非常感谢家人长期以来对自己学术研究工作默默无闻的支持，避免了自己把过多的精力分散到家庭琐事方面，从而可以将更多的精力投入学术研究，产生更多的学术研究成果。

本书对员工建设性越轨行为的形成机制及影响效应的探究仅仅是一个开端，员工建设性越轨行为的相关研究仍然有许多值得探索的领域和空间，未来可以结合案例研究，在研究方法和研究内容方面寻求新的突破。

另外，近些年，员工越轨创新行为逐渐引起了学者们的关注，员工建设性越轨行为与员工越轨创新行为在概念方面既存在重叠，但也有着明显的差异，未来沿着这一研究主题，可以将研究范围拓展到员工越轨创新行为方面。

王艳子